旧皇族の宗家・伏見宮家に生まれて

伏見博明オーラルヒストリー

伏見博明
古川江里子・小宮京編

中央公論新社

90歳を迎える伏見博明氏　明治天皇が愛された五葉松と

伏見宮一家　左から博義王、
経子妃、博恭王
（伏見家のスクラップブックより）

伏見宮博恭王

伏見宮朝子妃

伏見宮博義王

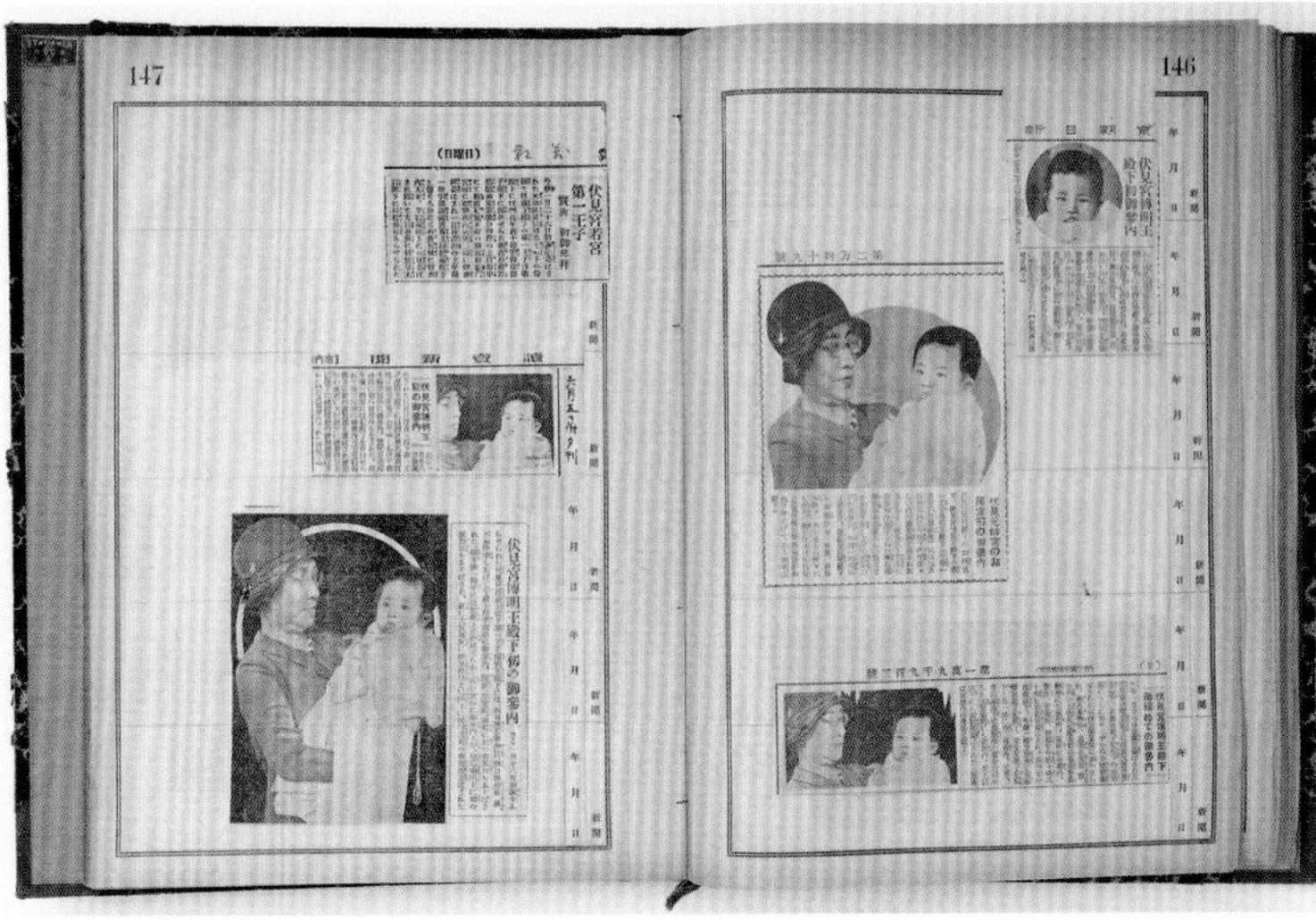

博明王初御参内を伝える新聞記事（伏見家のスクラップブックより）

幼少時の博明氏（左）　姉の
光子女王とともに

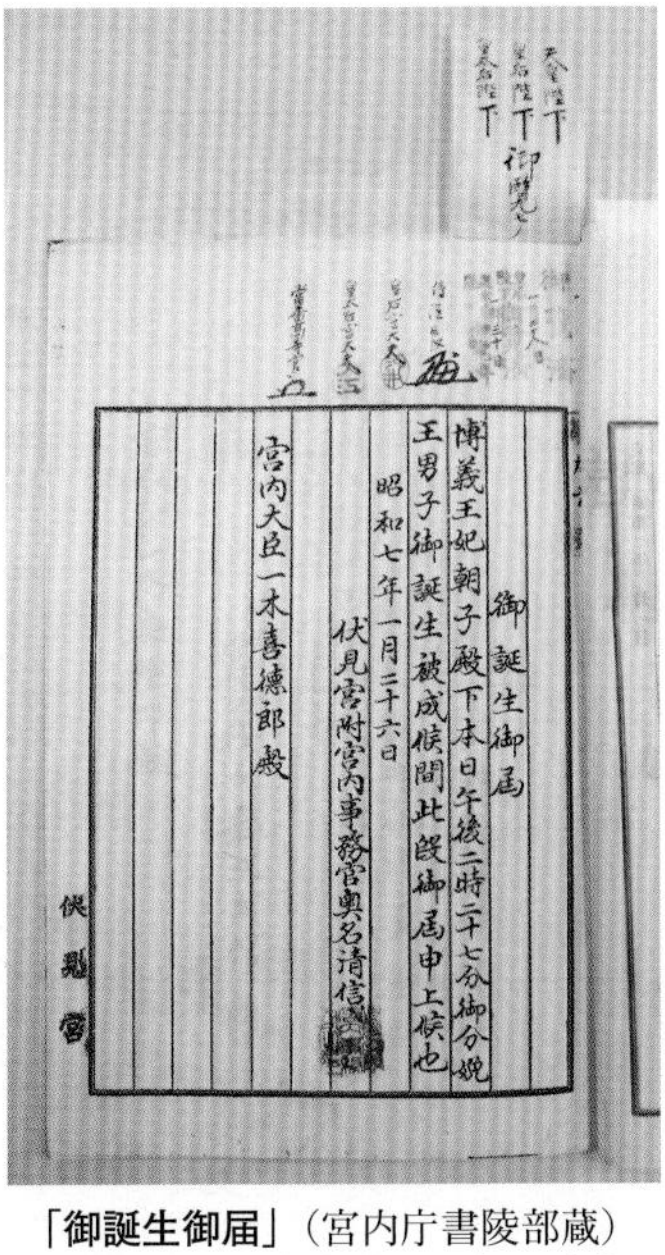

天皇陛下
皇后陛下　御覧モノ
皇太后陛下

御誕生御届

博義王妃朝子殿下本日午後二時二十七分御分娩
王男子御誕生被成候間此段御届申上候也

昭和七年一月二十六日

伏見宮附宮内事務官奥名清信

宮内大臣一木喜徳郎殿

伏見宮

「御誕生御届」（宮内庁書陵部蔵）
「天皇陛下、皇后陛下、皇太后陛
下御覧モノ」とある

伏見宮邸正門　門から玄関まで3分ほどかかった

伏見宮邸　総檜造りの和館は宮内庁内匠寮の設計、昭和4年に完成した

学習院幼稚園保育満了記念（昭和13年３月）　中央に３人の殿下が並んでいる（下は、中央部の拡大。左から賀陽宮文憲王、李玖、伏見宮博明王）

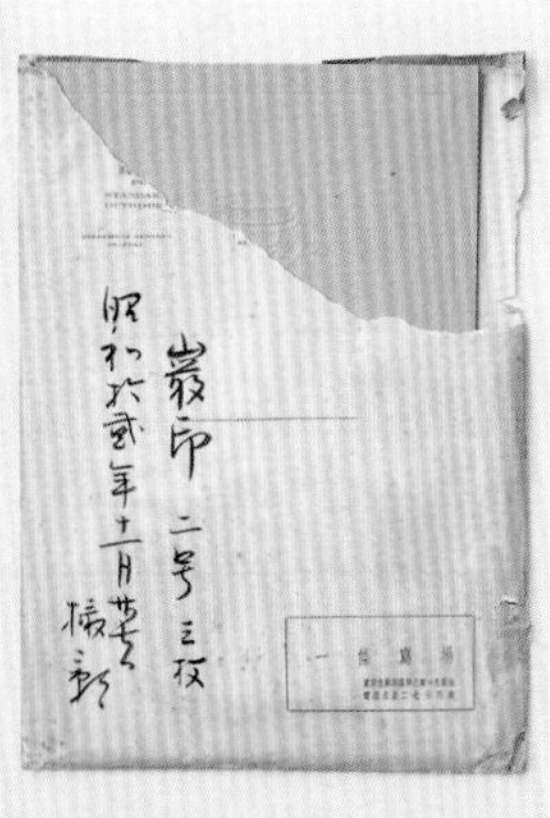

写真館の封筒に書かれた「巖印」

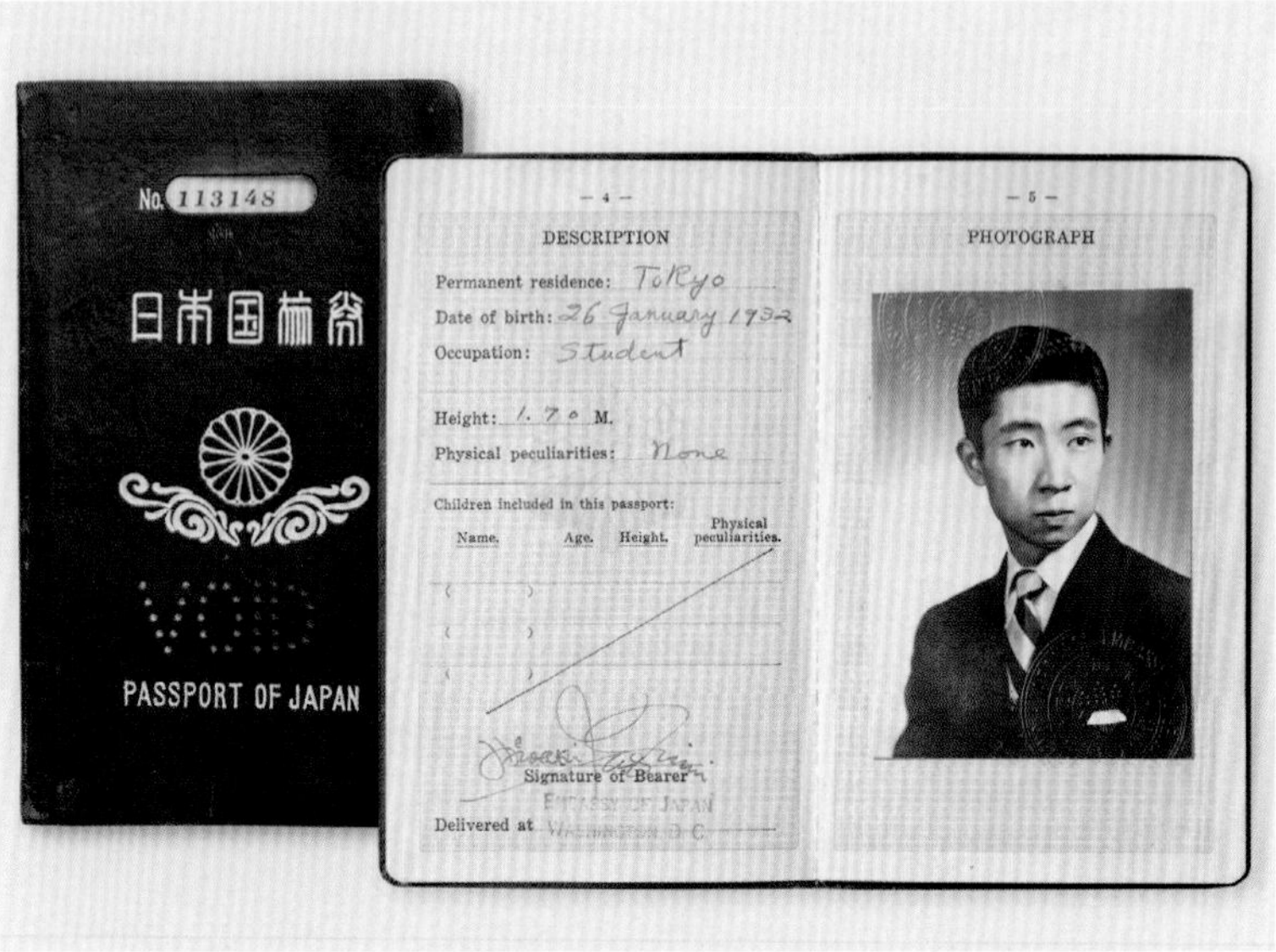

留学時のパスポート（1950年）

米留学へ向かう途中、ハワイで歓待を受ける　中央に博明氏と李玖氏が並んでいる（1950年）

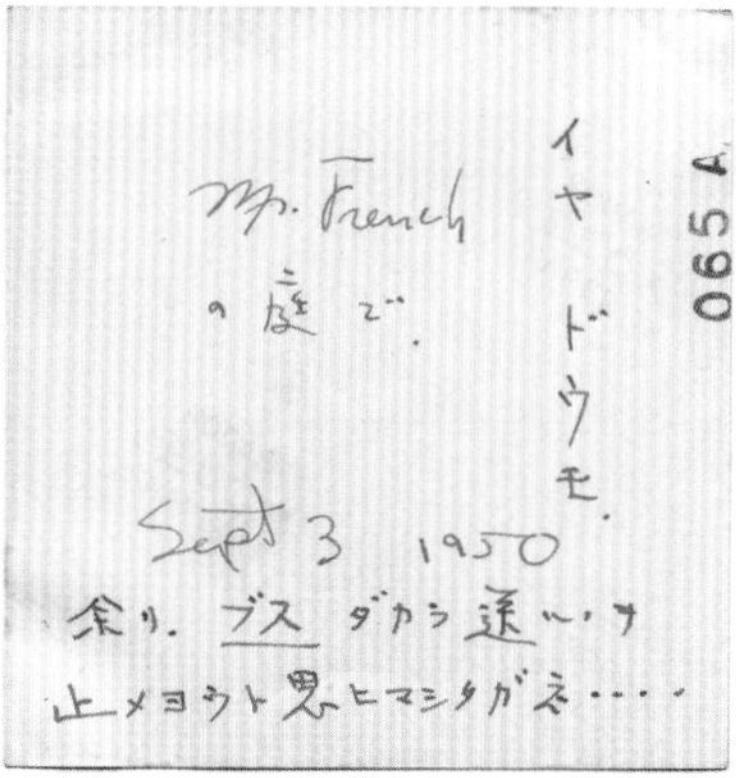

ケンタッキーから母宛に送った写真　裏にメッセージがある（1950年）

グッドウィル・インダストリーの工場にて　李玖氏と（1950年）

フィッシャー氏（左）らと記念撮影（1952年）

アメリカでも車の運転はお手のもの

菊栄親睦会大会にて天皇陛下（現上皇陛下）**と**

菊栄親睦会にて皇太子ご夫妻（現天皇皇后両陛下）と　左から伏見氏、東久邇信彦氏、１人おいて朝香誠彦氏、北白川道久氏、竹田恒正氏

刊行によせて

学校法人青山学院理事長
堀田　宣彌

令和の御代の幕が開けて三年を迎えようとしています。上皇陛下の四従兄であり、天皇陛下の四従伯父にあたる第二十四代伏見宮《ふしみのみや》家当主伏見博明《ひろあき》殿下が、自らのお言葉で昭和・平成・令和を語られた貴重な史実である『旧皇族の宗家・伏見宮家に生まれて――伏見博明オーラルヒストリー』が佳節を期して刊行されますことは、まことに慶賀の至りに存じます。

ご高承のとおり、伏見宮家は世襲四親王家のうち最も古く、室町時代に崇光《すこう》天皇（北朝第三代）の第一皇子栄仁《よしひと》親王を祖としています。爾来、親王家として五百七十九年間連綿と継承されてまいりましたが、一九四七（昭和二十二）年十月十四日に、連合国最高司令官総司令部（ＧＨＱ）の実質的な指令により伏見宮家を始めとする十一宮家が皇籍を離脱されました。

伏見博明殿下は、一九三二（昭和七）年、伏見宮博義《ひろよし》王の第一王子としてお生まれになり、本年卒寿を迎えられました。積み重ねられた赫赫《かっかく》たるご功績に、敬意とお慶びを申し上げる次第です。

お父様の博義王は、海軍軍人として、第二次上海事変に際し、第三駆逐隊司令として出征され、その後第六駆逐隊司令として揚子江方面で行動中、病気療養のため一九三八年三月二十四日に帰国。その後ご回復され、四月に海軍大学校教官になられましたが、ご持病の喘息の発作により、その年の十月十九日午前二時、薨去《こうきょ》になりました。博明殿下六歳の時です。さらに第二次世界大戦後間もない一九四六年八月十六日に、お祖父様の博恭《ひろやす》王の薨去に伴い、十四歳で伏見宮家を継承されました。その僅か一年後に、ＧＨＱにより皇籍離脱を余儀なくされたのです。本書は、正に激動の時代を生きた殿下の波瀾万丈の半生の軌跡を如実に描いたものと言えます。

殿下がご幼少のころ、青山学院もまた戦時下において苦難と忍耐の日々にありました。青山学院は時局への対応として、企業の定款《ていかん》にあたる寄附行為に掲げた教育目標を「青山学院ハ教育勅語ノ聖旨ヲ奉戴シ皇国ノ負荷ニ任スヘキ人物ヲ錬成シ基督《キリスト》教信仰ヲ採リテ之カ陶冶《とうや》ヲ計リ」と変更を余儀なくされたのです。在学生には徴兵制度が適用されて、学生身分のまま〝学徒出陣〟として戦場に向かったのです。また、殿下のお話の中に皇太子さま（上皇陛下）と日光に疎開されたお話が出てまいりますが、青山学院初等部の児童も各地に疎開しました。そして、空襲により青山キャンパスの七割の建物が焼失し、焦土と化したのです。この青山学院の歴史を通してからも殿下の体験されたご苦労が如何許《いかばか》りかと偲《しの》ばれます。

日本伝統文化協会の野﨑正史理事長のご紹介で初めて伏見博明殿下にお会いしたのは、三年前になります。一期一会とはよく言われることですが、人との出会いは誠に不思議なものであって、千利休の弟子山上宗二《やまのうえそうじ》の言った「一生に一度しかない出会い」が本当にあるのだと実感しています。

殿下は、いつも温厚で柔和なお人柄と、笑顔でユーモア溢れる楽しいお話、時には留学で鍛えられた流暢な英語でのスピーチの中にもジョークを交えてのご挨拶等、お会いするたびに拝聴することが喜びであります。いつも君臣水魚のご親交を賜って参りましたことに、深く感謝を申し上げる次第です。

殿下におかれましては、これからも益々ご健勝でご活躍されますことを心からご祈念申し上げまして、本書刊行のご慶事の辞とさせていただきます。

最後になりますが、本書が約一年という短期間で編集・発行できましたことは、青山学院大学文学部史学科の古川江里子先生、小宮京《ひとし》先生はじめ諸先生方の献身的な努力の賜物と心からの感謝を申し上げます。また、青山学院大学の阪本浩学長には温かなご支援をいただきました。衷心より御礼申し上げます。

殿下との交遊を通じて

日本伝統文化協会理事長
伏見記念財団代表理事
野﨑　正史

皇籍を離脱されて七十余年、すでに民間人のご身分でも、私は敬称愛称相半ばして、伏見殿下とお呼びし、お付き合いの誉《ほまれ》に預かってまいりました。

この度の刊行は、青山学院堀田理事長がご選任の歴史学研究チームとともに自ら取材現場に立ち会われてのご尽力と、先生方の熱心な資料収集及び丹念なインタビューによりゴールに辿り着きました。私も学院卒業生として、また、念願だった伏見殿下の自伝出版に感慨もひとしおで、阪本浩学長を含む多くの方々のご支援に改めて感謝申し上げる次第です。

伏見殿下はゴルフの達人で、若くして名門ゴルフクラブのクラブチャンピオンとしてご活躍、数年前にエイジシュートをも達成され、霞会館にて記念パーティを開催致しました。多くのゴルフクラブの理事長を兼務、格調高いクラブ運営をされています。

二〇〇八（平成二十）年、私がその一箇所の理事に就任させていただき、グリーン上のお付き合いが始まり、酒食を共にする機会が多くなりました。

東日本大震災を契機に発足した社会貢献としての伏見殿下杯チャリティゴルフ大会は、ドネーション先に高松宮妃ご創設のがん撲滅研究基金ならびに山東昭子参議院議長が会長を務めておられる聴覚障碍者支援の団体を加えつつ十三回を重ね、今なお継続中です。回を追うごとに多種多彩な参加者が増え、ゴルフ場の貸切り開催となり、会長にお迎えした故東《ひがし》久邇《くに》信彦《のぶひこ》さまには、お亡くなりになる直前まで毎回お姿を見せていただきました。

多くの各国駐日大使もご参加くださり、渡米留学して身に着けられた殿下の堪能な英語とウィットに満ちたフレンドリーシップで楽しまれています。殿下ファンも増え、ブフラル駐日モロッコ王国大使は首都のラバトに殿下と私共を招待してくださったほどです。

殿下は十代半ばで運転免許を取得されたほどのクルマ好きです。米国留学中はケンタッキーをスチュードベーカーで乗り回され、帰国後は白緑ツートンのシボレーで通勤されたほどの洗練されたモダンボーイ、レディファーストも板についておられますので、伏見カップは多くの女性ゴルファーで賑わうようになりました。

食べることにも情熱を傾ける殿下は、何よりもステーキを好まれ、ご注文は常にベリイレア、ワインに関する造詣は深いものがあり、もちろん日本酒もこよなく愛されております。

無類の動物好きにも驚かされます。私とのゴルフ旅行で米国カリフォルニアのサンディエゴを訪れた時など、動物園見学を強く望まれるほどでした。また、ある時には「ペット犬を購入予約したが家族に反対されてやむなく」断念されたとか。殿下の動物好きはご家庭内では有名な話のようです。紀尾井町のお屋敷には大きな犬小屋があったそうですので、動物に親しんでお過ごしになったご幼少期が窺えます。

殿下がいかなる場でも、常に姿勢を正しく保たれるのは、学習院時代に全ての式典において、最前列で不動の姿勢を崩さないという役割を担われておられた、その習慣からだそうです。学習院では、上皇さまと学年が近く、ご幼少の頃から多くの思い出をお持ちのようです。

米国留学中でのエピソードで、上皇さまが当時は皇太子として公式訪米された際、スケジュールが過密な上皇さまは、お二人だけの時間を取るため、殿下を移動の飛行機にお招きになった、そんなお話も伺いました。

崇光天皇に連なる世襲親王家の父系の祖父は海軍元帥の伏見宮博恭王です。軍艦上船の際、幼少の殿下に軍服を誂え、共に閲兵《えっぺい》されたこともあったそうです。殿下の海軍への道は歴史的に閉ざされましたが、その前に、泳ぐのは不得手で、船もあまりお好きでないとの意外なお話も微笑ましく思い出されます。

祖母経子《つねこ》妃は江戸幕府最後の十五代将軍徳川慶喜《よしのぶ》公の九女としてお生まれになりました。殿下はその公武合体の申し子としての血縁の奇跡を宿命として二十四代当主を背負いながらも、赤坂紀尾井町の現在のホテルニューオータニを含む広大な邸宅でお育ちになった華麗な境遇でありました。

しかし、米国進駐軍の事実上の指令による皇籍離脱により十一宮家はあらゆる特権を剝奪されます。過酷な財産税を課せられ、財産総額で最上位の宮家の一つだった伏見家の負担は想像を絶する膨大な額でありました。殿下はその現実を運命として捉え、目も眩《くら》む生活落差をすべて受け入れました。

今は京都、東京の途方もない数の墓陵を護る重責をこなし、静かに淡々と日々をお過ごしです。所用で殿下をお迎えに伺いますと、既に玄関を出てお待ちです。会合でお会いする際も約束の時間よりも早めに到着して穏やかにお寛《くつろ》ぎになっておいでです。

すべてに前向きな、なんと優れた平常心であられることでしょうか。

私どもは一般的価値、世俗的価値に大いに振り回され、一喜一憂して自分自身さえ見失うことがあります。しかし殿下の人生を思えば、私どもはもっと落ち着いて平静に生きていけるはずです。

このたび、殿下ご自身が発せられる初の口述本が刊行されるにあたり、読者諸賢が同様な感慨を行間から読み取っていただけるなら、望外の喜びとするものです。

目次

第二章　皇族としての少年期

装丁　岡本洋平（岡本デザイン室）

旧皇族の宗家・伏見宮家に生まれて

伏見博明オーラルヒストリー

解説　伏見宮家とは何か

古川江里子
青山学院大学非常勤講師

本書は、一九三二（昭和七）年一月二十六日、四親王家伏見宮《ふしみのみや》家で生を享《う》け、戦前から戦後へ、皇族から一般人へと激動の時代を生きてこられた旧伏見宮家第二四代当主、伏見博明《ひろあき》氏のオーラルヒストリーである。オーラルヒストリーは、二〇一九年十二月から二〇二一年九月まで、十回にわたって行われた聞き取りをもとに作成された。

旧皇族の回想では、伏見氏の三歳年長の従兄にあたる久邇邦昭《くにくにあき》氏の回想『少年皇族の見た戦争――宮家に生まれ一市民として生きた我が生涯』があり、皇族の暮らしぶりや教育などは重なるところがある。しかしながら、伏見宮家が旧皇族の中の筆頭宮家で皇室との生活スタイルや意識が近く、戦前の海軍の中で大きな影響力を及ぼした祖父博恭《ひろやす》王の晩年の様子、また年齢が近い上皇さまとのご交流など、戦前、戦後の旧皇族の新たな一面を伝えるものとなっている。また、伏見氏は、時に冗談を交えながら、その時の心情も含めて忌憚なく、お話しされていて、その内容の重要性はもとより、軽妙な語り口も本書の魅力の一つとなっている。

まずは、伏見宮家、祖父の博恭王、そして博明氏のこれまでについて触れておきたい。

なお、解説ということで、以下では敬称は略す。

伏見宮家と祖父伏見博恭王

まず、天皇一家、直宮《じきみや》家以外の旧皇族の「本家」（浅見雅男『伏見宮――もうひとつの天皇家』）というべき存在だったことをその歴史から説明しておきたい。

伏見宮家は室町時代の崇光《すこう》天皇（在位一三四八～五一年）の第一皇子栄仁《よしひと》親王を祖とし、代々天皇または上皇の養子となる親王宣下《せんげ》を受けて、宮家を世襲する世襲親王家となった。その後、安土桃山時代に桂宮《かつらのみや》、江戸時代に有栖川宮《ありすがわのみや》、閑院宮《かんいんのみや》家が創設され、四親王家と呼ばれるようになった。四親王家は、天皇家に跡継ぎが生まれない時に同家から天皇を出し、逆に親王家に後継者がいない場合は皇子が入り、親王家を存続させてきた。例えば、光格《こうかく》天皇は閑院宮家出身、後花園《ごはなぞの》天皇は伏見宮家出身であり、伏見宮家第一七代貞行《さだもち》親王は桃園《ももぞの》天皇の皇子である。世襲親王家の役割は天皇家を絶やさないことであり、継嗣《けいし》を通してのつながりを持った天皇家と四親王家の関わりは深く、「もうひとつの天皇家」といわれるゆえんである。一方で皇親（近世以前の呼称、皇族という呼び方が定着するのは近代以降）の過多を防ぐため、賜姓降下《しせいこうか》が古くから行われてきた。しかし、室町時代以降、天皇家や宮家、貴族の養子にもならない皇親は親王宣下を受けて、出家するのが常となり、伏見宮家の皇親たちも多く出家していた。

朝廷の政権参与が本格化していく幕末維新期になって、出家していた第二〇代伏見宮邦《くに》家《いえ》親王の王子たちが次々還俗《げんぞく》し、宮家（久邇宮《くにのみや》家、山階宮《やましなのみや》家、北白川宮《きたしらかわのみや》家など）を創設し、近代皇族をつくった。明治維新後の近代宮家は一五宮家だったが、皇籍離脱前に四宮家（桂、有栖川、華頂《かちょう》、小松《こまつ》）は断絶し、敗戦後に皇籍離脱した一一宮家は実系では全て邦家の子孫だった。伏見宮家は近代皇族をつくり上げた家であり、旧皇族の中で筆頭的な宮家といえる。そして、伏見宮家は、親族として天皇を守る役割を担うために男子皇族に課せられた軍人の義務においても、海軍元帥の博恭王をはじめ、博義《ひろよし》王、太平洋戦争で戦死した伏見博英《ひろひで》伯爵などを出した海軍の宮家でもあった。

また、この回想の歴史的な価値を高めているのが、祖父博恭王と父博義王ともに海軍軍人で海軍一家だったことである。中でも昭和戦前期に海軍トップの地位にあった博恭王の存在は、伏見氏が幼い時に博義王が亡くなったこともあり、関わりも深い。そこで博恭王を中心に、海軍の伏見宮家について触れておきたい。

そもそも伏見宮家が海軍一家となったのは、明治天皇の貞愛親王《さだなる》（伏見氏の曽祖父）への命によるものだが、貞愛親王は海軍が体質に合わず、息子の博恭王が再び明治天皇に海軍へ行くことを命じられて以来のことである。

祖父伏見宮博恭王は、一八七五（明治八）年、貞愛親王の第一王子として生まれた。九歳で華頂宮《かちょうのみや》家を相続したが、一九〇四年、異母弟邦芳《くにか》王の不治の病のため伏見宮家に復籍し、一九二三（大正十二）年、貞愛親王の薨去により伏見宮家の家督を継いだ。明治天皇の命で築地の海軍兵学校に入学し、一八九〇年、ドイツの海軍兵学校、海軍大学校に五年間学び、帰国後は戦艦などでの海上勤務に従事し、一九〇五年、戦艦「三笠」の分隊長として参加した日露戦争の黄海海戦で負傷した。明治天皇は日露戦争の戦勝を祝す韓国皇帝の特派の答礼使に博恭王を選んだが、皇帝宛親書に「朕《ちん》ノ眷愛《けんあい》スル博恭王ヲ貴国ニ赴カシメ」という語句があるように「明治天皇に愛された」（野村實『天皇・伏見宮と日本海軍』）存在だった。その後、明治天皇の期待の通り順調に出世し、戦艦「朝日」「伊吹」の艦長、海軍大学校校長などを歴任した。

一九二二（大正十一）年、四十七歳で海軍大将に進み、一九三二（昭和七）年、海軍トップの海軍軍令部長（三三年から軍令部総長）、元帥となった。東郷平八郎と並ぶ海軍の二大長老となり、東郷とともに、「艦隊派」（一九三〇年のロンドン海軍軍縮会議の際に補助艦の対米比率七割を主張したグループの通称）として、戦前の海軍で大きな影響力を及ぼした。

一八九七（明治三十）年生まれの父博義王も海軍兵学校に進学し、気管支喘息《ぜんそく》の持病がありながら、海軍軍人の道を選んだ。一九一七（大正六）年兵学校卒業後、「島風」水雷長、駆逐艦「樺」の駆逐艦長（少佐）など博恭王と同じく海上勤務をこなした。一九三七（昭和十二）年七月、第三駆逐隊司令として第二次上海事変に出征し、九月二十五日、黄浦江《こうほこう》で乗船の駆逐艦「島風」が中国軍の射撃を受け、左手を負傷した。治療の後、第六駆逐隊司令として、揚子江方面に勤務の後、帰国して一九三八年海軍大学校の教官となったが、持病の喘息が悪化し、十月十九日、心臓まひのため四十一歳で薨去になった（死後に海軍大佐に進級）。博明氏がわずか六歳の時である。

聖旨の期待に添い、伏見宮家を海軍の宮家にした博恭王は、母朝子《ときこ》妃が「博明の将来に就ては特に御心配下されて、折にふれ海軍のことなどお話しになられ、海軍に向く様になされました」（『博恭王殿下を偲び奉りて』）と回顧しているように、早く亡くなった博義王に代わり、博明氏の教育に関わった。そのため、本文では博恭王の思い出が多く語られている。

博明氏のこれまでについて

一九三二（昭和七）年一月二十六日に伏見博明氏（伏見宮博明王）は、伏見宮博義王と朝子妃（一条《いちじょう》実輝《さねてる》公爵三女）の第一王子として、紀尾井町の伏見宮邸（現ホテルニューオータニを含む地）で生まれた。祖父は前述したように海軍元帥で軍令部総長を務めた伏見宮博恭王、祖母は経子《つねこ》妃（徳川慶喜《よしのぶ》九女）であった。姉の光子《みつこ》女王（一九二九年生）、妹の令《よし》子《こ》女王（一九三三年生、四歳で逝去）、章子《あやこ》女王（一九三四年生）の四人きょうだいで、唯一の男子であった。

幼稚園から同級生の賀陽宮文憲王《かやのみやふみのり》、朝鮮王族の李玖《りきゅう》とともに学習院で学んだ。皇太子明仁《あきひと》親王（現上皇）が二級下で家も近かったため、赤坂離宮の敷地や東宮仮御所でよく遊んだという。一九三八年父博義王が薨去、翌三九年、祖母経子妃が薨去になり、以後博恭王から次期当主としての教育を受けた。一九四四年十二月から小田原へ勤労疎開、四五年三月下旬から日光で皇太子と疎開生活を送り、その後李玖と一緒に李王家那須別邸に疎開し、ともに玉音放送を聞いた。なお、伏見宮邸は五月二十五日の空襲で焼失したため、一家は宮邸近くの旅館福田家で借り住まいの後、十二月二十八日に目黒の旧三条公爵邸に転居した。そして、一九四六年八月十六日、博恭王の薨去により、博明氏は十四歳ながら伏見宮家第二四代当主となった。翌年十月十四日の皇籍離脱に立ち会った最後の当主である。一九五〇年、学習院高等科卒業後、李玖とともに、アメリカのケンタッキー州のセンター・カレッジに留学した。一九五四年に帰国し、五六年にスタンダード・バキューム・オイル（後のモービル石油）に入社し、営業を中心とした業務に従事し、退職後はゴルフ場の理事長を歴任し、現在に至っている。また、伏見氏は、戦後も一般人としての生活を送る中で、旧皇族として、皇族と旧皇族の交流会の菊栄親睦会の幹事の活動、宮中祭祀や行事への参加などを通して昭和天皇や上皇夫妻と親しく交流し、皇室と深い関わりを持ち続けている。

このように伏見宮家の長い歴史を背負われ、戦前から戦後へ、皇族から一般人へと激動の時代を生きてこられた伏見氏はまさに歴史の証言者である。語られた内容は、戦前皇族の生活や文化・役割、終戦後の皇籍離脱、留学、一般人としての生活と皇族との関わりなど多岐にわたる。特に海軍トップの博恭王や現在にいたる上皇及び周辺の皇室の人々が近い視点から描かれていることは得難い価値を持つものといえる。この回想で重要な内容を簡単に紹介しておきたい。

戦前の皇族としての生活

伏見氏の回想では、戦前の皇族の日常の生活ぶりがその時の心情を交え、細やかに語られている。伏見宮家の人々は、家族ごとに別荘や運転手付きの車を持ち、お印があり、言葉なども御所言葉を使っていたことなど、今の皇室の生活スタイルに通じるものであった。まれに開店前のデパートや伊東屋に行き、消しゴム一つ買うだけでも楽しかったというのは、何とも微笑ましい。

しかしながら、このような特権的な生活の代わりに、特に男子皇族は、陸海軍のいずれかの軍人になることが定められ、幼き頃から公人としての振舞いが求められたので、生まれながらに「自由」が著しく制約された存在であったことも語られている。一例を挙げれば、移動の乗り物では沿道の人々に礼を欠いてはならないということで、「初等科の一年生の頃から絶対、乗り物では眠らない」というものである。また、軍人となる責務は絶対的なもので、戦前その責務を免除された皇族は、直宮含む五三名のうち心身的理由など「特別な事由」の五人だけで、「少なからぬ数の皇族」が「健康を損ねて早世した」が、父博義王もこうした「犠牲者」（浅見雅男『皇族と帝国陸海軍』）の一人であったことが語られている。そこでの話は、戦前の男子皇族が著しい特権の代償として自らの生命をかけてその職責を担わなければならない、究極の「公」を要求される存在であったことを物語るものである。

男子皇族としての教育――家庭と学習院（幼少期と初等科時代）

家庭と学習院という二つの場での男子皇族としての帝王学的な教育の内実がわかることも貴重である。家庭での帝王学的教育とは、親子別居で他人の中に置くことによる公の体得をはかることと、親からの薫陶であった。家庭の中ではとりわけ、当主としての教育が求められ、父親の存在が重要となる。しかし、博義王が早世したため、祖父博恭王が関わることになったが、回想で語られた博恭王の奮闘ぶりは、海軍元帥の別の一面が垣間見られ、興味深い。

学習院では、学友が定められた男子皇族の学校生活の詳細、日中戦争の傷痍《しょういへい》兵の慰問などの様子やその時の心情なども語られている。皇族や華族の子弟へのノーブレス・オブリージュの体得に主眼が置かれた学習院での学校生活はさまざまな制約のあるものだったが、生徒同士はあだ名で呼び合ったり、苦手なことをごまかしたりという子どもらしい思い出も語られている。また、赤坂離宮敷地内の東宮仮御所で暮らしていた皇太子とも年齢と家の近さもあってよく遊び、身分には関係ない子どもらしいエピソードも多い。

敗戦前後（中等科時代）

敗戦前後の思い出で印象的なものは、小田原での勤労動員の疎開、皇太子（上皇）の日光疎開に学年を超えての「特別御参加」、戦局悪化の中での博恭王の様子、そして李王家の那須の別荘で李玖と玉音放送を聞いた時の様子などである。中でも博恭王が、戦局が悪化する中で、自室に飾ってあった軍艦の絵を、その軍艦が撃沈されるたびに「悲愴な顔」で斜線を引いて消していた姿はこれまでに知られていない貴重な証言である。

敗戦後から留学前まで（学習院中等科二年から高等科三年）

この時期の回想としては、敗戦から亡くなるまでの博恭王の様子、皇籍離脱、離脱後の皇族との交流、民主化された学習院などが挙げられる。

特に、戦犯となることを恐れた博恭王が日記類を焼却したという話は、一九四六年四月三日にＧＨＱ法務関係者によって病床面談が行われたという『博恭王殿下を偲び奉りて』の記述と合致する重要な証言である。また、最年少の当主として皇籍離脱に立ち会った伏見氏の証言の重要性とともに、皇籍離脱時の心情として「自由になるという気持ち」という言葉が語られたのは、嘆き一色の梨本宮《なしもとのみや》伊都子《いつこ》妃の日記と対照的で興味深い（『梨本宮伊都子妃日記――皇族妃の見た明治・大正・昭和』）。さらに、四八年春に三里塚の御料牧場に皇太子と泊まりがけで乗馬に行った時の思い出話は、お二人の深いつながりがわかるエピソードである。

アメリカ留学

ケンタッキー州のセンター・カレッジへの留学については、昭和天皇に留学の挨拶に行った時の様子や、留学前に心配していた、日本人へのアメリカの人々の反感も杞憂に終わり、自由な学生生活を楽しんだこと、五三年、欧米一四ヵ国歴訪中の皇太子とニューヨークで会った時のエピソードなどが語られている。特に、皇太子からの突然の連絡によるニューヨークでの面会はちょっとしたハプニングとともに、皇太子とのつながりの深さを物語るもので興味深い。

一般人と旧皇族の二つの生活

帰国後は石油会社の営業マンとしての生活ぶりや昭和天皇はじめ皇族との交流や祭祀への出席など、旧皇族としての活動が語られている。サラリーマン生活での旧皇族であることとのアドバンテージを正直に語っていることや菊栄親睦会の内実や昭和天皇の葬儀にみられる宮中祭祀の詳細な様子など、これまで明らかではなかった貴重な内容が含まれている。

特に幼い頃から深いつながりがある上皇との今日までの交流の話は、自身の旧皇族としての役割への明言もなされた興味深い内容となっている。

皇族から民間人へと歩まれた人生についての思い

最後の節では、これまでの話を踏まえて、皇族と一般人の二つの人生を歩まれたことへの様々な問いに答えるかたちで、旧皇族の一人として、自身の役割や思いの他、皇族の存在やあり方などが語られている。特に、そこで発せられた「何かあった時は真っ先に皇室をお守りしなければいけない」という言葉は、戦前、戦後を通してその役割を担われてきた伏見氏だからこその重い意味を持つものであろう。

伏見氏が語ってくださった皇族と一般人との二つの人生は、私たち一人一人が、皇室とは何かを考え、皇室の人々と国民が幸福に生きていく未来を考えていくための貴重な証言である。

参考文献

浅見雅男『皇族と帝国陸海軍』(文春新書、二〇一〇年)
浅見雅男『伏見宮――もうひとつの天皇家』(講談社、二〇一二年)

小田部雄次『梨本宮伊都子妃の日記――皇族妃の見た明治・大正・昭和』（小学館、一九九一年）
小田部雄次『皇族――天皇家の近現代史』（中公新書、二〇〇九年）
学習院百年史編纂委員会『学習院百年史』第二編、第三編（学習院、一九八〇年、一九八七年）
宮内庁『昭和天皇実録』全十八巻（東京書籍、二〇一五～一八年）
久邇邦昭『少年皇族の見た戦争――宮家に生まれ一市民として生きた我が生涯』（ＰＨＰ研究所、二〇一五年）
斉藤利彦『明仁天皇と平和主義』（朝日新書、二〇一五年）
野村實『天皇・伏見宮と日本海軍』（文藝春秋、一九八八年）
波多野勝『明仁皇太子　エリザベス女王戴冠式列席記』（草思社、二〇一二年）
『博恭王殿下を偲び奉りて』（御伝記編纂会、一九四八年）
吉田伸弥『天皇への道――明仁陛下の昭和史』（読売新聞社、一九九一年）

11宮家系図

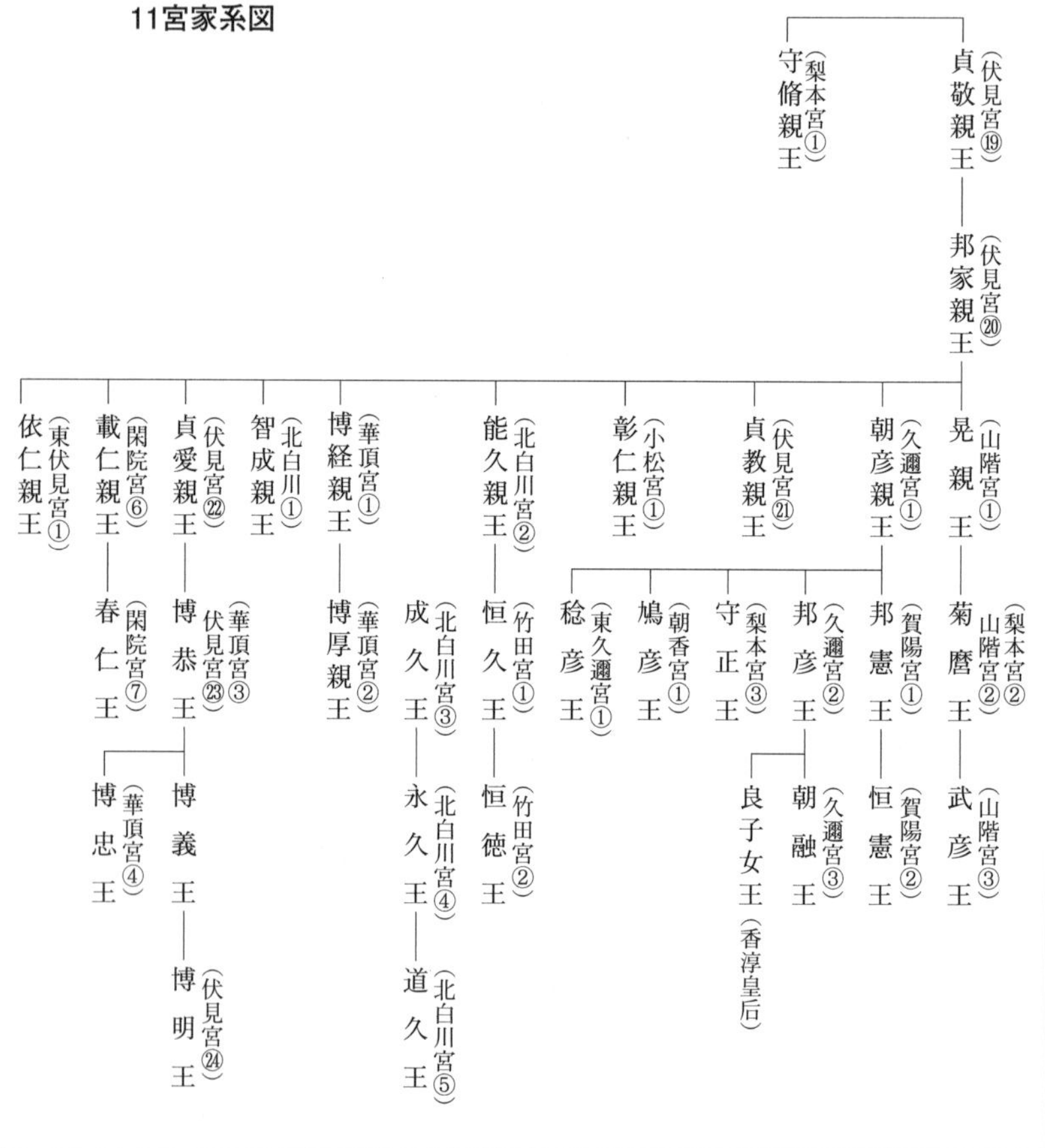

参考文献：霞会館華族家系大成編輯委員会編『平成新修旧華族家系大成』上下（吉川弘文館、1996年）、浅見雅男『皇族と天皇』（ちくま新書、2016年）、小田部雄次『天皇・皇室を知る事典』（東京堂出版、2007年）

第一章　幼少期

1 伏見宮家は海軍
2 紀尾井町の屋敷
3 家族についての思い出
4 皇族の暮らしぶり
5 天皇一家・親族・友人との交流

1　伏見宮家は海軍

伏見博明は、昭和七（一九三二）年一月二十六日、伏見宮博義王《ひろよしおう》妃朝子《ときこ》の第一王子、伏見宮博明王として誕生した。母は伏見宮博義王妃朝子。父方の祖父は軍令部総長を務めた伏見宮博恭王《ひろやすおう》であった。

――伏見宮家待望の男子としてお生まれになりました。その時のエピソードなど、ご家族からお聞きになっていることはございますか？

皇族の男子は明治以来、軍人になることが義務づけられていました（明治六年の太政官達）。宮家によって海軍と陸軍とに分かれていましたね。うちのひいおじいさん（貞愛《さだなる》親王）は陸軍でしたが、祖父（博恭王）から海軍になりました。おやじ（博義王）もおやじの兄弟（華頂宮博忠王《かちょうのみやひろただおう》、華頂侯爵博信《ひろのぶ》、伏見伯爵博英《ひろひで》）もみんな海軍なんです。宮家で男の子が生まれると、陸軍大臣が先にお祝いに来るか海軍大臣が先にお祝いに来るかによって、陸軍に行くか海軍に行くかが決まったという話もあります。大きな鯛とかオヒョウっていうんですか、カレイのでかいのなんかを、あいさつに持ってきていたみたいですよ。

――さすがに海軍の伏見宮家に陸軍大臣は怖くて来られなかったのではないですか。

でも、来ないわけにはいかないですから、海軍大臣（当時は大角岑生《おおすみみねお》）の後にね（笑）。とは言え、それは形式だけだったと思います。うちはみんな海軍と決まっていました。宮家で海軍はうちと久邇宮さま、あとは陸軍でした。

おやじも海軍でしたが、僕が六歳の時に亡くなっているので、おやじとの思い出はあまりないんです。おやじは駆逐艦の艦長でしたので、いわゆる支那事変の頃は上海のほうに行って艦砲射撃をしたりしていたわけですし、たまに船から下りると、すぐに趣味の狩猟であちこち出かけてしまうので、本当にうちにいることが少なかった。けれど、その分祖父にすごくかわいがられたと思います。父親代わりでしたね。水兵服を作ってもらって、それを着て観艦式に行って戦艦「比叡」とか軍艦に乗せてもらった記憶があります。おやじが横須賀勤務だったせいで逗子《ずし》に別荘がありまして、だから小さい頃は逗子の別荘にずいぶんいたような気がします。その関係で横須賀の海軍司令部に行った時には、軍艦に乗

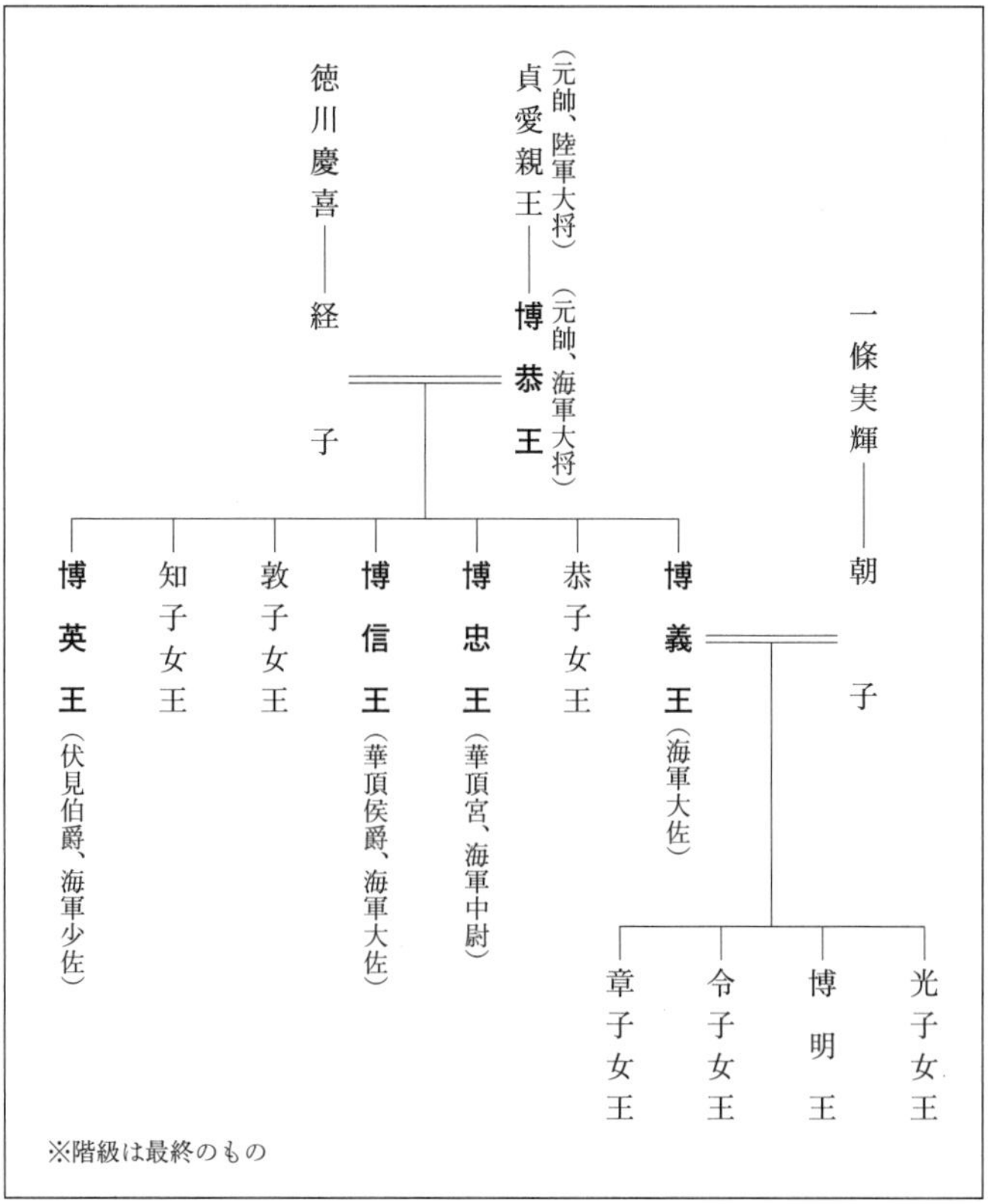

一條実輝
朝子
貞愛親王（元帥、陸軍大将）
博恭王（元帥、海軍大将）
徳川慶喜
経子
博義王（海軍大佐）
恭子女王
博忠王（華頂宮、海軍中尉）
博信王（華頂侯爵、海軍大佐）
敦子女王
知子女王
博英王（伏見伯爵、海軍少佐）
光子女王
博明王
令子女王
章子女王
※階級は最終のもの

系図　伏見宮家は海軍

ることができました。

――そういった場に行かれることは楽しみでしたか。

そうですね。おじいちゃんにくっついて行くと、もう水兵以下みんな敬礼しているから気持ちがよかったですよ（笑）。ちゃんとしていなくちゃいけないから、緊張しましたけどね。でも、自然と自分も海軍に行くという気持ちにはなりました。

――伏見宮家と海軍のつながりについてですが、いちばん初めの貞愛親王は明治天皇の命令で初めは海軍に行ったけれども、体質的に海軍が合わない（船酔いする）と願い出た結果、明治天皇がそれを聞き入れて、陸軍に行かれた。そして、おじいさまの博恭王がお生まれになると、明治天皇は博恭王十歳の時（明治十八〔一八八五〕年）に東京築地の海軍兵学校に行くことを命じられたと、浅見雅男氏の『伏見宮』（講談社、二〇一二年）にあります。

明治時代の半ばまでは日本の海軍は世界から見ても、言い方は悪いけれども、馬鹿にされるぐらい弱かったわけです。それで日本の海軍を何とか強くしなきゃいけないということで、うちのおじいちゃんが、築地の海軍兵学校に行くことになった。

――博恭王は、明治二十三（一八九〇）年から明治二十八年まで五年間にわたり、ドイツの海軍兵学校、海軍大学校で学ばれました。

挙手の礼をする伏見宮博恭王
（『婦人画報増刊　御即位御大礼記念皇室画報』昭和３年10月）

伏見宮博恭王、若き日の絵葉書

航空研究所の視察に向かう伏見宮博恭王（『婦人倶楽部別冊　皇太子殿下御降誕記念皇室御写真帖』昭和９年５月）

ドイツから帰ってきてから、日露戦争の黄海海戦で、連合艦隊の旗艦「三笠」の分隊長などを務めています。そんなわけで、伏見宮家は海軍と決まっていました。まあ、希望すれば陸軍に行くこともできたのかもしれませんけれど、おじいちゃんやおやじにしてみれば、孫が急に陸軍に行くなんていうことになったら面白くなかったんじゃないでしょうか。僕は自然に海軍だと思っていましたから、他のことは考えていませんでした。ただ、海が嫌いで泳げなかったので、終戦の時はよかったなと思って。(笑)

——失礼ですが、海がお嫌いというのは、ご家族のなかでは大問題だったんじゃないでしょうか。

終戦の時はまだ十三歳でしたから、子どもがわがまま言ってるぐらいのことにしか思われていなかったでしょう。でも、学習院時代もとにかく泳がないで済むようにしていました。今も泳げませんし、できることなら船も乗りたくない。

——海がお嫌いになったきっかけが何かあったのでしょうか。

片瀬《かたせ》にうちの別荘があって、夏にそこの砂浜に「伏見宮」という小さなすだれを掛けた海の家を毎年つくっていました。そこで着替えて、海へ入るわけですよ。子どもの頃からよく行っていたのですが、そこで一度溺れそうになったことがトラウマになったんだと思います。片瀬の海岸は、今は何万人という人で賑わいますが、その頃は閑散としたもので、たぶん百人、二百人ぐらいしかいなかった。

あとね、ある朝、犬の散歩で海岸を歩いていたら、たまたま土座衛門《どざえもん》があがっていたことがあったんですよ。それを見て、なおさら海に入るのが嫌になっちゃった。だけど、海が嫌だと言うと、だから海軍が負けるんだと言われますから、なかなか言えなかった。(笑)

十三歳で終戦となりましたので、海軍兵学校には行かないで済んだんですけれども、兵学校では高い所からプールに飛び込まされるらしいんですよ。それで、飛び込むのを嫌がると、後ろから押されるって言うんです。それを聞いただけで、これは大変だろうなと思っていました。

――従兄の久邇宮邦昭王《くにのみやくにあき》(皇籍離脱後は久邇邦昭氏)は海軍兵学校へ進まれています。氏の回想録『少年皇族の見た戦争――宮家に生まれ一市民として生きた我が生涯』(PHP研究所、二〇一五年)に、旧制中学三年の終わり頃から、準備教育が始まり、四年生にあたる一年間の教育を受け、五年生になる時に海軍兵学校に入る、とありました。あと二年終戦が遅ければ、伏見さまも海軍兵学校に行かれていたことになりますね。

まあ、行かざるを得なかったですよね。だから、行っていれば、嫌な思いをしたかもし

れませんが、たぶん泳げるようになったんでしょうね。（笑）

――そもそも海軍に進むということも含めて、伏見宮家がどのような家かについて、ご家族のあいだでお話を聞く機会があるものなのでしょうか。

そういうことは、特別な何かがあるわけではなく、自然に聞いてしまうものですよ。こっちだって、なんで自分が「王」なのか、親王家って何なのかと思いますし。おじいちゃんとの食事の折などに、結構そういう話もしていました。

――伏見宮家についての新聞記事などを見ると、他の宮さま方と行事などで同席された場合、伏見宮家の方のお名前が筆頭に書かれていることがほとんどです。小さい頃から、伏見宮家は別格であるとお感じになっておられましたか。

何となくね（笑）。昔は古い家の順ということで、なんでもうちがいちばん先になっていましたから。

だから、小さい頃からうちが明治以降にできた宮家の宗家なんだということは、わかっていました。と言って、どうするということもできないのですけれど（笑）。ただ、おじいちゃんやおふくろたちは、僕にそう言って聞かせることで、皇族として自覚していくことができると考えていたのではないでしょうか。

――そういう環境のなかで、小さい時から昭和天皇を軍人としてお支えするの

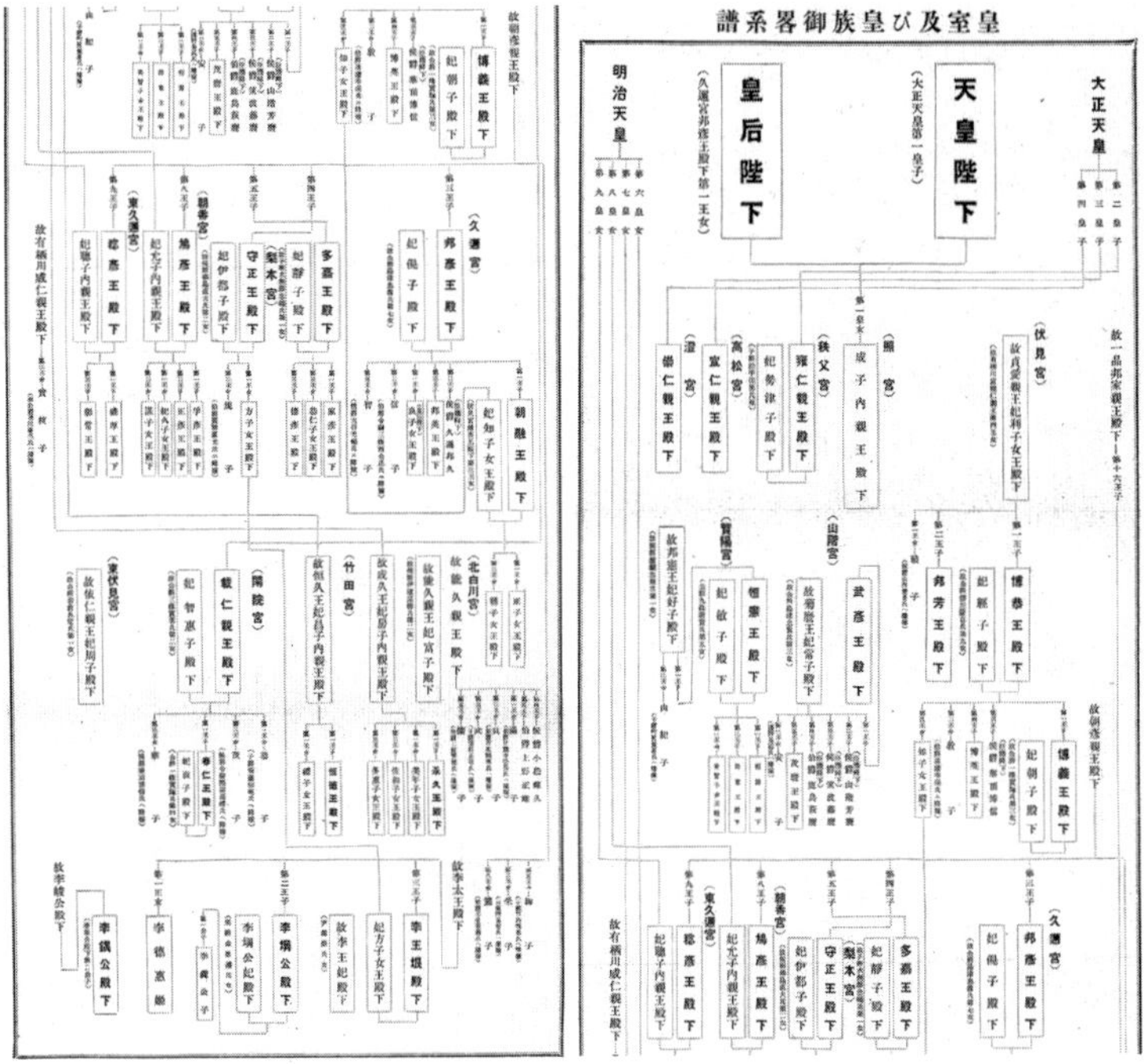

『御即位御大礼記念皇室画報』に折り込まれた皇室と皇族の系図
縦に長い系図を上下二分割し、右に上方部分を置いた（伏見宮博義王の段と久邇宮家の段を重複させている）。各宮家の「格」が如実に示されている

だという意識が生まれるのでしょうか。

その意識は当然ありました。宮家というものは、そのためにあるんだということですからね。

2 紀尾井町の屋敷

伏見宮家は紀尾井町の現ホテルニューオータニを含む約二万一〇〇〇坪の広大な敷地を有していた。伏見博明は終戦後までをその敷地内の邸で過ごした。

――伏見宮家のお屋敷のことなどは覚えておられますか。ホテルニューオータニといいますと庭園が有名ですが、当時のまま残っていますか。

いや、ほとんど当時の名残をとどめていませんよ。庭のなかで残っているのは、池だけです。あの滝とかはその当時はありませんでした。池の左側が桜山といって桜の木々がある山で、右が紅葉山といって紅葉の木々がある山でした。うちのおやじは海軍だったけど、趣味が狩猟ということもあって、犬好きで、今でいうブリーダーをやっていました。敷地の中に大きな犬小屋があって、ポインターとかセッターとか、子犬が産まれれば四十〜五十四ぐらいはいました。

犬小屋があったところには、最近までブルガリの本店がありました。ブルガリが偉そうな顔で店を出しているけれど、あれは元うちの犬小屋だよなんて、言っていましたけどね（笑）。子どものころは、子犬を見に犬小屋へ行くのがいちばんの楽しみでした。

あと、おじいちゃんが蘭の栽培が趣味だったので、うちの敷地内には温室が四棟ほどありました。

道路一つ隔てた、赤坂プリンスホテルのあったところに李王家がありました。李王家は陸軍で、弁慶橋を渡ったすぐのところに馬が何頭かいて、僕は馬に乗りに行ったことがあります。で、李王さんはうちの蘭を見にこられてね。

――李王家の当主李垠《りぎん》さまのご趣味も蘭の栽培で、「国際的にも注目」されていたとのことです（新城道彦『朝鮮王公族――帝国日本の準皇族』）。博恭王とご趣味を通してのお付き合いがあったのですね。

そうかもしれません。

それから、今のニューオータニには、坂がありますね。あそこは昔、雪が降るとお巡りさんを呼んで、全部車を止めさせて、スキーをしたんですよ。

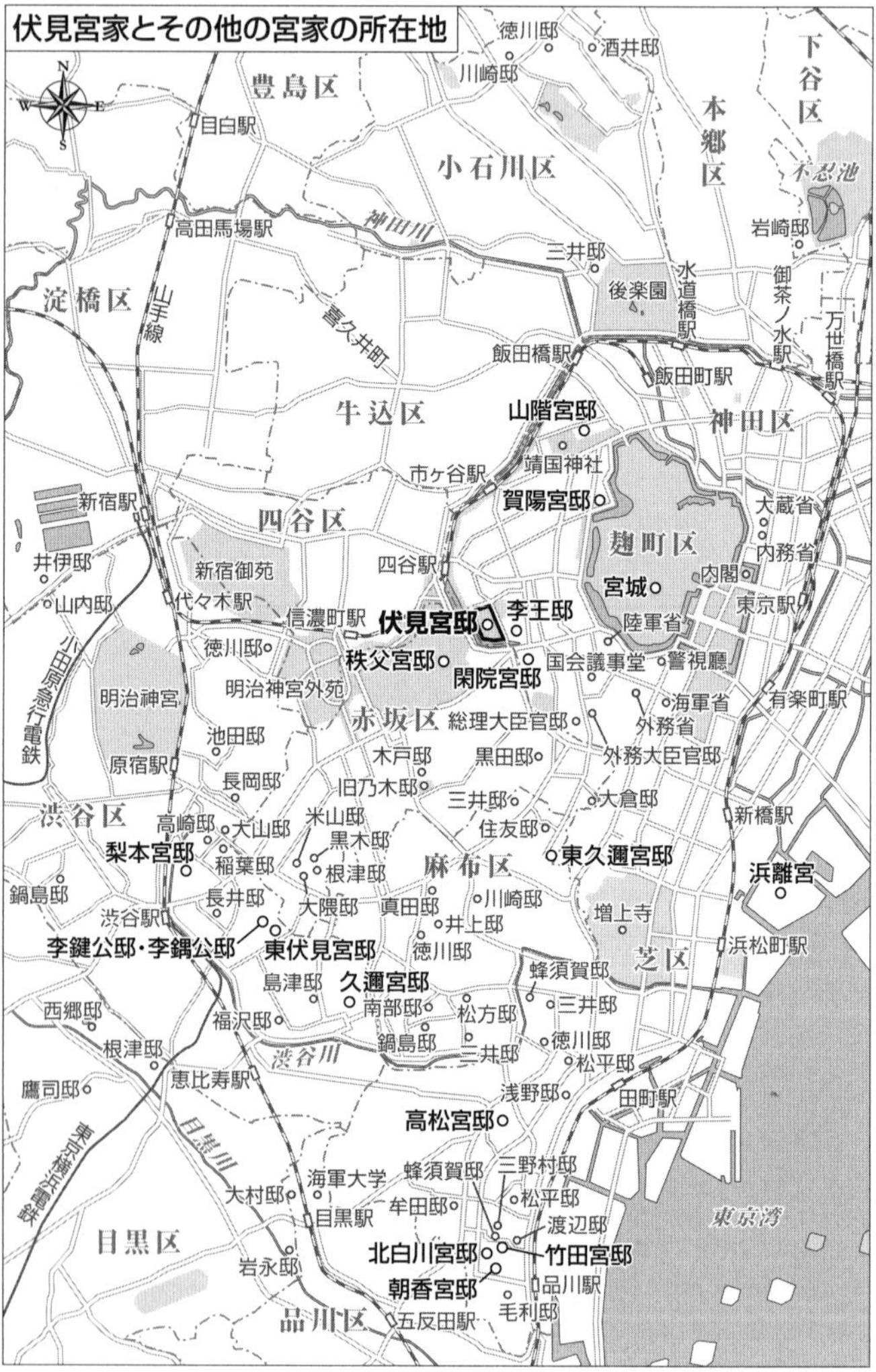

伏見宮家とその他の宮家の所在地

「大東京最新明細地図」(東京日日新聞、昭和7年)

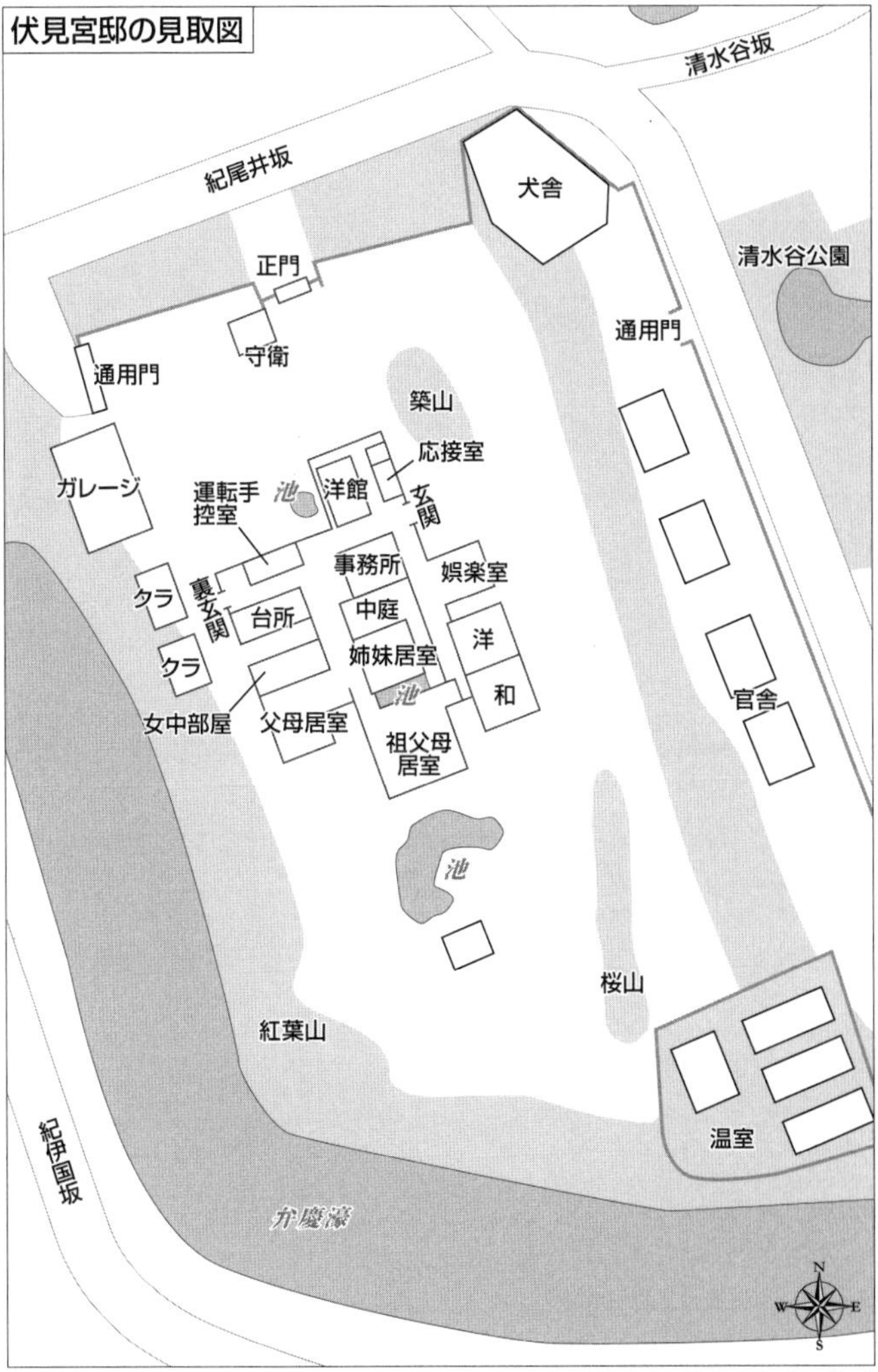

伏見博明氏の記憶をもとに作成

――大きな犬小屋に温室が四棟、冬にはスキーですか。約二万一〇〇〇坪となると、想像がつきません。お屋敷自体も大きなものだったと思いますが、そうなると、たくさんの方が働いておられたのではないかと思います。

そうですね。屋敷の中には事務所があって、通りに面したところ、今はいろいろな店になっていますが、ここに官舎がありました。当時の言葉でいうと女中さんなんかも含めて、全部で七十人ぐらいが働いていたのではないでしょうか。一人一人役が決まっていて、風呂を焚く人、犬の世話をする人。もちろんおじいちゃんの蘭の世話をする植木屋も専属でいました。でも、みんな宮内省の職員ですから、うちで給料を払っていたわけではありません。

屋敷は和風のもので、車寄せから玄関を入った目の前に事務所があって、右側は洋館の造りになっていました。洋館の部分は平屋です。事務所の脇の中庭を左に見ながら廊下を行くと、左に子どもたちの部屋、右におやじとおふくろの部屋があって、池をはさんで奥におじいちゃんの部屋がありました。正門から玄関まで、歩くと三、四分はかかったんじゃないかな。

お隣の李王さんの家は立派な洋館でしたが、うちの洋館はそれほどではありません。大きな洋間はだいたいおじいちゃんが使っていて、海軍大臣とかが来ると二十畳ぐらいのそ

李王邸

の部屋で会議などをしていたようです。僕は幼稚園の頃までは女のきょうだいと子ども部屋で生活していて、洋館には縁がなかったんですが、学習院の初等科（小学校）に入った時に男の子だということで、一人で洋館のほうに移されました。まあ、お付きの、というか、専属の人がついてはいましたが、一人はさびしかったですね。古い洋館だから、天井は高いし、夜なんて暗いしね。トイレも離れている。

夕食も以前は姉たちと一緒でしたが、（学年が上がるにつれて）食事は一人でとることが多くなりました。宮家の男子は、小学校へ入るとだいたい一人で住んでいましたね。

――久邇さまの『少年皇族の見た戦争』にも、久邇宮家には、男子が生活する表と女子が生活する奥があって、学習院初等科に入学すると、表に自分の居間寝室が設えられ、そこで過ごすようになる。母親や女きょうだいが暮らしている奥は長い廊下で隔てられていた、と書かれています。皇族における一種の帝王学のようなものでしょうか。

まあ、帝王学に通じるものなのでしょう。久邇家もうちとだいたい同じですよね。いわゆる奥がありましたから。

自分の部屋から、奥のおふくろの部屋とかきょうだいの部屋に行きたくても、引き戸のドアが重くてなかなか開けられないんです。わざとかと思うくらいに重い。ましてや、女中部屋なんかに行くのは容易じゃありません。すごく怒られたんですよ。「そっちへ行っちゃいけません」と。でも、いけませんって言われると行きたくなるじゃないですか。（笑）

洋館の僕用のスペースは二部屋あって、一部屋は勉強机と食事ができるようなテーブルが置いてありました。その奥の部屋が寝室で、ベッドがありました。

それまでは女中さんが添い寝をしてくれて、僕のことは全部やってくれていました。お風呂も親とは入りません。当時は女中と呼んでいましたから他に言いようがないのですが、女中が着物を着たまま、たすき掛けをして洗ってくれました。それこそ自分で自分の身体を洗ったこともなかったんです。

――その女中さんは、伏見さまお付きなのでしょうか。

そうです。専属で、僕の面倒だけを見ている女中です。子どもに一人ずつ、専属の女中が付いていました。夜寝る時もその女中と一緒です。親とは一緒に寝ません。

――乳母《うば》とは別の方なのですね。

はい。乳母もいたと思いますが、覚えていません。

洋館に移ってからは、女中さんではなくて、男性の教育係みたいな人になりました。あの女中さんはその後どうしたのかな。男性の教育係が近くの部屋で寝ていたのも最初の半年ぐらいで、しばらくすると、夜には庭を通って官舎に帰ってしまうようになりました。

事務室は近いんだけれども、おふくろやきょうだいの部屋が離れているからなおさらさびしいんですよね。皇族の男子として生まれた以上仕方がないとはいえ、薄暗い洋館の広い所で、一人で寝て、一人で暮らすのは、本当にさびしかったです。

――片瀬の別荘のお話が出ましたが、伏見宮家は他にも別荘をお持ちだったのでしょうか。

別荘は家族それぞれにありました。片瀬の別荘はおふくろとわれわれきょうだいの別荘ということになります。おじいちゃんの別荘は熱海にあって、おやじの別荘は逗子にありました。いちばん古いのは軽井沢の別荘で、これは戦後に東急の五島《ごとう》（慶太《けいた》）さんが買いました。
片瀬の別荘は清水建設から買ったもので、ベランダがあったりして、あの頃にしてはモダンな洋館でした。江ノ島はまだ小さな木の橋がかかっているだけで、車では行けませんでした。僕は片瀬の別荘から下駄を履いて、コロカラコロカラ木の橋を渡って、江ノ島に遊びに行ったんです。

――別荘がご家族それぞれにあったというのは興味深いです。それは各宮家で同じような状況だったのか、それとも伏見宮家が特別だったのでしょうか。

まあ、うちがいちばん多かったでしょうね。久邇さんの別荘は箱根の仙石原《せんごくはら》にあって、ブッポウソウの鳴き声がいいと言うので、わざわざ聞きに行ったことがありました。あとは竹田さんのが軽井沢にあって、北白川さんのところはどこにあったかな。東《ひがし》久邇《くに》さんぐらいになると別荘がないんだもの。

――伏見宮家は東京中野にも別宅がありましたね。

あれはうちのおじいちゃんの弟（邦芳《くにか》王）の家です。別荘じゃありません。僕もそんなところに土地があるなんて知らなかったんですが、ある不動産屋がその土地を買って、「元伏見宮家別荘」みたいな名前のマンションを建てたものだから、弁護士に頼んで名前を勝手に使うなと言ってやったことがあります。

3　家族についての思い出

祖父博恭王は博明が生まれた昭和七（一九三二）年に海軍元帥となり、翌八年には軍令部総長となった。海軍の中で、海軍大臣を凌ぐ最高実力者として大きな発言力を持った。祖母経子《つねこ》妃は徳川慶喜《よしのぶ》の九番目の娘として生まれ、明治三十（一八九七）年に博恭王と結婚した。昭和十四年、薨去。

父博義王は明治三十年に生まれ、海軍将校となったが、昭和十三年に持病の喘息が悪化して薨去。母朝子《ときこ》は五摂家の一つ、一条公爵家の出身で海軍大佐一条実輝《さねてる》の娘。女子学習院で、のちの香淳《こうじゅん》皇后の同級生でもあった。

祖父博恭王

海軍元帥のおじいちゃんも孫の前では普通のおじいさんですよ。

――おじいさまがお優しかったことについては、お母さまの朝子さまが、「御子様方に対する御躾《しつけ》に比べまするると、御孫様方に対しては、幾分寛大であったかと存じます」と回想されている通りなのですね（『博恭王殿下を偲び奉りて』）。

前にお話ししたように、祖父は蘭が好きで、温室でたくさん育てていました。日本が戦争で勝って、南方を占領していくと、日本にないような珍しい蘭がどんどん入ってくる。祖父が育てる蘭の種類もずいぶん増えて、さらに蘭の新種を作ったりもしていたようです。海軍元帥だから、出掛ける時は常に海軍の制服で、元帥の勲章を着けて行く。でも、家にいる時は、浴衣《ゆかた》に下駄で温室まで歩いて行ってましたからね。温室にはよく連れていかれました。

――博義王が早くに亡くなられたので、博恭王が父親代わりだったということですね。何かおじいさまの教えのようなものでご記憶のものはありますか。

教えというものがあったかどうかはわかりませんが、六、七歳の頃からおじいちゃんが家にいる日には、必ず指名されて夕食を一緒にしていました。おじいちゃんが使っているほうの広い和室に行かされてね。普通宮家では、大人と子どもは別に食事をしますから、おじいちゃんと一緒に食事するなんてことはないのでしょうけれど、祖母が祖父よりだいぶ前に亡くなりましたから、祖父もさびしかったと思うんですね。僕もおやじがいなかったし。ですけれど、この夕食が結構つらかった。（笑）

それは、おじいちゃんがどうこう言うわけじゃないんだけれど、おふくろに、おじいちゃんと食事する時は、こうしちゃ駄目だ、ああしなさい、こうしなさいと、箸の上げ下ろしから何からいろいろと言われてね。それが窮屈でした。そもそも六、七歳ぐらいだと、おじいちゃんと二人じゃ話題にも困っちゃう。

軍艦の話をいろいろ聞いたりしましたから、勉強にはもちろんなったんですけどね。おじいちゃんはいつもお酒を美味しそうに飲んでいて、あれを見て僕も酒を飲むようになったんですよ（笑）。毎晩飲んでいましたからね。飲みながら煙管《キセル》に煙草を詰めてポンポンってする。その煙管は今でも残っています。

軍艦の話といえば、一度だけ怒られたことを覚えています。初等科の一年の時に、学校で絵を描かされたんです。戦争中だから、当然のように軍艦の絵を描いた。それで軍艦に日章旗を二つ、一つは船首のほうに向いて、一つは船尾のほうへ向くように描いたら、おじいちゃんが、そんなことはあり得ない、とね（笑）。二つ旗があったら、同じ向きにならないとおかしい。子ども心にもそれはそうだなと思いましたよ。

もう一つ、おじいちゃんには嘘をついてはいけないと繰り返し言われました。これはたしかにおじいちゃんの教えです。世の中、嘘をついたほうがうまくいくこともあるって人に言われることもあるんだけれど、それができなくなっちゃったのはそのせいかもしれま

せんね。(笑)

——それは聞き取りの前にご関係の方にうかがったお話につながります。なんでも、伏見さまが人に会う約束の日を間違われて、その仲介をされた方が「先方へはドクターストップがかかったということにしてください。だから、どうしても行けないんだと。世の中にはいい嘘というものもあります」と言ったのに、頑として「いい嘘なんてありません。間違えたのだから、間違えたと伝えてください」とおっしゃったという。(笑)

その話も、自分じゃ忘れていたんだけどね。(笑)

あと、おじいちゃんとの思い出といえば、幼稚園か初等科一年ぐらいの頃、おじいちゃんに連れられて、霞が関の海軍省に行ったことがあります。おじいちゃんと一緒だから、海軍大臣なんかも、小さかった僕に敬礼してくれました。元帥の威光があったのでしょう。これは後で聞いた話ですが、観艦式におじいちゃんが出た時、一人だけ眼帯をしていた水兵がいた。それでうちのおじいちゃんが、「どうしたんだ」ってその水兵に声を掛けたんだそうです。そうしたら、声をかけられた水兵は「海軍元帥に心配されるとは君はラッキーだ」と仲間には言われるやら何やらで、もうすごく感激されたらしいのです。その人は鹿児島の人だったのですけれども、亡くなるまでさつまいもを僕の家に送ってくれていましたよ。

祖母経子妃

――おばあさまの経子さまは、お父さまがお亡くなりになって一年後の昭和十四年に亡くなられています。おばあさまとのご記憶はございますか。

初めての男の子だというので、おもちゃをたくさんくれたっていうことでしょうね。おばあちゃんの部屋には箪笥がいっぱいあって、ある箪笥の引き出しの中がおもちゃでいっぱいだったんですよ。一度にくれればいいのに、小出しにして、箪笥の中にしまっているわけだ。それを僕は見てしまっているので、勝手に箪笥を開けておもちゃを出して遊んだりしていました。

おばあちゃんは琴をやっていて、琴を弾くお師匠さんが時々うちに来ていました。ついでにあなたも勉強しなさいなんていうんで、琴を弾かされました。「さくらさくら」ぐらいだったら、たぶん今でも弾けると思います。

祖母は徳川慶喜の九番目の娘で、僕の生まれる前ですが、慶喜さんがよく婚家のうちに来られていたと使用人から聞きました。徳川慶喜さんが来られると、慶喜だから「けいきさまおなりー」という、先触れがあったということです。「何とかさまおなりー」と声がかかる人は結構おられたみたいです。皇族などの親戚が来た時、使用人は名前で呼べませんから、たとえば小石川に住んでいる方が来たら、「小石川さまおなりー」と地名に「さま」を付けて呼ぶ。名前はやはり、はばかられるということなんでしょうね。

父博義王

――お父さまの博義王は、持病の喘息の発作で亡くなられています。昭和十三(一九三八)年、六歳の時ということになります。

先ほどもお話ししましたように、おやじは喘息持ちでしたし、海軍にいるにもかかわらず、趣味は狩猟でした。軍艦で今のマレーシアのほうへ行った時に撃ってきた虎の毛皮の敷物が、うちの応接間にありました。あと、狩猟にはどうしても猟犬が必要なので、うちは今でいうブリーダーになっていたわけです。当時はもう財閥か皇族しか犬を輸入できなかったようですが、うちには子犬を入れたら常に四十~五十四はいたと思います。僕は犬小屋へ行くのが好きで、時間があれば犬と戯れていました。親よりも犬と過ごした時間のほうが長かったくらいです。今も犬は好きですね。

小さかったせいもあって、おやじに構ってもらった記憶はあまりなくて、猟に連れて行ってもらったこともありません。ただ、おやじが撃ってきたキジとかコジュケイとか、大

博義王さま雉獵へ
御愛犬リリーをお供に
けふ不動瀧の山中へ

【仁禮電話】午前六時半小雪舞ふ上高井仁禮村へ御成り遊ばされた伏見宮博義王殿下には御夜行の御疲れもなく同村字仙仁田中安右衛門氏宅の御休泊所に御少憩

直に

村の有力者軍人分會青年會消防組等の幹部に御面接あらせられ暖い味噌汁で御朝食をとられた後宮家付佐藤宮内屬矢野本縣狩獵技手日向須坂署長等を隨へさせられ網澤縣會議員並に内山須坂鐵友會幹事等の

御案

内にて同村大谷不動瀧方面の山中に分け入られた簡單なる御獵服薄茶色のオーバーセーターを召され殊に御足袋などは一度水を通したものらしく極めて御

博義王の雉猟を報じる新聞記事（伏見家のアルバムから）

きいものだと鹿とかを食べたことはあります。鴨が多かったですかね。

僕は狩猟をやらせてもらったことはなくて、鉄砲は、空気銃しか撃たせてもらえませんでした。おやじは狩猟に行って、しょっちゅう鉄砲を撃って、鴨などを持って帰ってきましたが、おふくろは僕に対しては絶対それはやっては駄目だ、殺生なことだからと止めていました。

おふくろはおやじが死んだあとも、あんまり殺生をしたから、早死にしたんじゃないかと言っていましたね（笑）。祖父も狩猟はやっていなかったと思いますし、海軍のなかでも狩猟が趣味という仲間はあまりいなかったのではないでしょうか。

鴨といえば宮内庁には昔から鴨場があります。今でも浜離宮など二、三ヵ所が残っています。鉄砲で撃つのではなくて網で捕る。だから狩猟とは違う。シベリアあたりからはるばる飛んできて大きな池に集まった野生の鴨を訓練されたアヒルを使って堀に誘導して、鴨が飛び立つところをトンボを捕るような網（叉手網《さであみ》）で捕る。鴨場へ行ってみられるとよくわかりますけれど、なるほどと思うような仕組みがあるのです。鴨を捕りそこなったら、逃げた鴨を鷹匠《たかじょう》が鷹を飛ばして捕まえる。ご存じかもしれませんけど、鷹匠と、それから長良川の鵜飼の鵜匠《うじょう》は、両方とも宮内庁の職員なんです。

——博義王は昭和十二年、日中戦争の第二次上海事変に出征し、翌年、左手を負傷して、昭和十三年四月からは東京にお戻りになっていました。亡くなられる前は、海軍大学校の教官を務めておられました。

艦砲射撃の時に敵の弾が船に当たって、ちょっと被弾したというくらいなんですがね。当時は宮さまが前線で負傷したということで大きく報道されたそうです。まあ、本当は喘息で亡くなったんですけれども、この時の傷が元で戦死したというように伝えられたという話を聞いたことがあります。少し後になりますが（昭和十八年八月）、おやじの弟（博恭子王第四王子伏見博英伯爵）が今のスラウェシ島というんですか、当時のセレベス島沖で空中戦で落ちて戦死した時も大ニュースでしたからね。こういう人でも頑張っているんだと。

――博英さまの戦死は大変な悲しみと思いますが、ご家族はどのように受け止められていましたか。

おじいちゃんをはじめ家のものはみな、宮家としての役割を果たした、当然と受けとめていたと記憶しています。天皇をお守りする、そのために宮家があるわけですから。

――新聞報道（『朝日新聞』昭和十三年十月二十日付朝刊）によりますと、博義王が亡くなられた時も喪主を務めておられたとのことですが、その時のご記憶はありますか。

六歳ですからね。本当に喪主を務めたのかどうか、よく覚えていません。新聞に載っているということはやったんでしょうね。おやじは前の晩から具合が悪いと言っていて、朝起きたら亡くなっていたということでした。発作を起こして、咳き込んだ挙げ句に、ということらしいです。今なら治すことができるのでしょうけれど、昔は喘息のいい薬がありませんでしたからね。

うちのおやじはおじいちゃんが生きている間に亡くなったので、一般的には僕が二四代ということになりますが、個人的にはおやじが二四代で僕が二五代だと思っています。

母朝子妃

——お母さまは一条公爵家のご出身で、昭和天皇のお后候補のお一人でもありました。どのようなお方でしたか。

おやじが六歳の時に亡くなっていますから、子どもはほとんどおふくろが育てたようなものです。でも、宮家で男の子が生まれると、すぐに別にされますから、母親と一緒に寝られない。さびしいなあと思っていましたが、他を知りませんからね。どこもそういうものかと思わざるを得ない。

母親と一緒に寝た記憶もなければ、一緒に風呂に入ったりした記憶も一切ありません。

当時は家が広かったですから、おじいちゃん、おばあちゃんの住んでいる部屋――部屋といったって大変な広いところなんですけれど――おやじ、おふくろの部屋、それで僕の部屋、姉、妹の部屋とか、みんなそれぞれ離れていました。小さい子どもにしてみれば、廊下がすごい長くて、今みたいに煌々《こうこう》とした電気の灯がないから、長い廊下なんかすごく暗くて、怖かったですよ。お化けが出るんじゃないかと思いまして。（笑）

――お母さまは厳しかったというご印象ですか。

割に厳しくないというか（笑）。叱られた記憶などはありませんね。

――戦前の朝子さまについての新聞記事などを見ますと、慰問の記事が多くあります。『朝日新聞』には、たとえば昭和十二年九月十四日付朝刊に「七妃殿下の御慈愛」というタイトルで、日中戦争の兵士に送る包帯や傷痍兵の病衣などの製作をなさっているという記事があります。また、十月一日付夕刊には博恭王とご一緒に横須賀の海軍病院を訪問されたという記事があります。また、十三年四月中旬から五月中旬にかけて各妃殿下方が傷痍兵慰問のために全国に派遣され、朝子さまも静岡、愛知など中京方面に行かれるという報道がされています（『朝日新聞』昭和十三年四月二日付朝刊）。ご公務がかなりお忙しかったように見受けられます。

今でも皇后陛下が日本赤十字社の名誉総裁をなさっていますが、戦前は妃殿下方がさまざまな役職を務めておられました。おふくろも赤十字の会合があると必ず行っていました。傷痍軍人の慰問に行ったりもしていましたね。千人針っていうんですかね、出征する人のために、あんなのをみんなで縫っていたのを覚えています。

それでも昔は宮家が多かったですからね、皆手分けしてやれましたけれど、ここへ来て少なくなっているから大変なんです。

――お母さまが赤十字のお仕事でお出かけになる時は、お見送りなどされるのでしょうか。

いや、してなかったですね。だいたい住んでいる所が違うので――まあ同じ屋根の下に住んでいますが、あまりにも離れているから――おふくろがいつ出掛けているのか、いつ帰ってくるのかなんて、全然わかりませんでした。おふくろに毎日会うというわけでもありませんでしたしね。

おふくろは学習院でのちの香淳皇后と同級生だったので、宮城までしょちゅう会いに行っていたようですけれど。

――それでは、たとえば学校の成績などについて、お付きの方や家庭教師の方などがお母さまに報告していたということはありましたか。

赤十字病院附属の看護婦学校の卒業式における妃殿下たち　右から２人目が伏見宮妃、３人目が伏見宮若宮妃（『婦人倶楽部別冊　皇太子殿下御降誕記念皇室御写真帖』昭和９年５月）

男の人で、家庭教師のような係の人がいました。その人は、必ず僕と一緒に学校へ行って、教室も中へ入って、授業の内容の全部を筆記して、家へ帰って、今日の授業はこうでしたと、また始まるわけです（笑）。おふくろもそういう係の人がいるから、もう任せっぱなしでした。おふくろに勉強を教わったっていうのはまずありません。

――ご自宅に帰られてから復習をなさるのですね。

こっちは本当は遊びたいわけですよ。それができない。今日の授業は「これはこうでしたよ、ああでしたよ」ってね、「明日はたぶんここをやりますから、こう考えてこう答えてください」なんて言うんで、放課後もあまり自由に遊ぶことができませんでした。宿題だって、忘れたくても忘れられない。（笑）

母方の祖母

――お母さまのご実家は五摂家の一つ、一条公爵家です。一条家の方々、おじいさま、おばあさまについての思い出などはありますか。

今の東京女子医大の近く、喜久井《きくい》町におばあちゃんの家がありました。子どもの頃はおふくろと一緒に車に乗って喜久井町に行きましたね。一条家はそこそこ大きい家で、広い庭がありましたので、そこで遊びました。おふくろが行くたびに一緒に行っていたような気がしますから、どうでしょう、月一回ぐらいは行っていたような気がします。

喜久井町のおばあちゃんのところへ行くとね、おもちゃをいっぱいくれるのです。大歓迎でね。それが楽しみで行くわけです（笑）。ねじを回して走ったりする車のおもちゃとか、池で浮くような軍艦とかそういうおもちゃをもらっていました。

その時はもう、おばあちゃんだけで、祖父（海軍大佐・一条実輝）は早くに亡くなっていました（一九二四年没）。おばあちゃんは細川《ほそかわ》家の生まれです（細川護久侯爵四女悦子）。おばあちゃんのところも犬を飼っていたんじゃないかと記憶しています。うちにはいない犬で、珍しい犬だなあと思ったことを覚えています。まあ、うちは猟犬ばかりでしたから、そう感じたのかもしれません。たぶん愛玩系の犬でその頃人気があった狆《ちん》だったんじゃないかな。

きょうだい、そしてお印について

――お姉さま（光子《みつこ》）と妹さま（章子《あやこ》）がおられますが、ごきょうだいのつながりはどのようなものでしたか。ご一緒に遊ぶことなどありましたか。

僕は男の子一人だったので、どうしても女のきょうだいに負けるというかね（笑）。人形と遊んだり、そんなことをしたことがありますよ。お手玉もやったし。姉が一人、妹は二人いたんですけれど、一人（令子《よしこ》女王）は早く亡くなっちゃった（四歳で逝去）。

——ごきょうだいはどのように呼び合っていましたか。名前で呼んでおられたのでしょうか。

きょうだいは名前かな。

——呼び名と言えば、皇族の方々にはお印というものがありますね。

ええ。みんなにありますね。僕は巌印《いわおじるし》です。「巌となりて、苔のむすまで」の巌です。お印は親が決めるんです。おじいちゃんは龍、おばあちゃんは何だったかな。姉が毬《まり》で妹は笙《しょう》、楽器の笙です。

——ご自宅ではお名前で呼ばれることはなくて、お印で呼ばれることが多いと聞きました。

そうですね。家族は別ですけれども、使用人は「博明さま」なんて名前では呼ぶことはできません。だから、僕のことを「巌印さま」と呼んでいました。

——それは前におっしゃったように、名前を呼ぶのは畏れ多いということなのでしょうか。

そういうことです。お印というのは皇室と皇族だけで、そのなかだけで通用するものです。親戚たちも、僕がなんというお印かは知らなかったでしょう。たとえばおふくろの実家の一条家は皇族ではありませんから、お印はないのです。おふくろはうちに来た時に、お印をつけたということになります。

お印は持ち物などを示す時にも使われました。たとえば僕専用の箸に、片仮名で「イ」と書かれたりしていました。

――お印の印鑑みたいなものをつくったりするのですか。

印鑑はありませんね。

4　皇族の暮らしぶり

食事は家族別々

――伏見宮家ではお食事はどのようにされていて、どのようなものが出たのですか。

食事はみんなで集まってとるということは別荘以外ではまったくありません。親は親、子どもは子どもというように分けられていました。そこは一般の家庭とは違っていました。おじいちゃんとおばあちゃんは別々で、男は男、女は女。うちの親たちは一緒だったかもしれません。僕らは、僕がおじいちゃんに呼ばれないかぎりは、きょうだい同士で食べるのが一般的でした。おふくろと小さい頃に一緒に食べた記憶はありません。戦後の皇籍離脱後の中等科、高等科の頃になって、一緒に食事をするようになりました。

食事は部屋までお膳で運ばれてくるんです。何て言うんですか、脚が付いたお膳でね。家が広かったですから、台所で出来たものを、まず最初の女中が一つ目のドアまで運ぶ。それを二番目の女中が受け取って、また次のドアまで持って行く。そして三番目の女中が受け取って、僕のところまで持ってくるんです。台所から僕らの口に入るまでにだいたい三人が運んでくるわけですから、料理はそのうちに冷めていく。だから子どもの頃から熱いものを食べたことがありません。いまだに猫舌というか、熱いものは苦手です。

――昭和天皇も猫舌だったと聞きます。きっと皇族の方々に共通するのでしょうね。

今でも皇居の晩餐会にお招きいただきますと、熱いものは絶対出ないですからね。たとえば、スープにしても、熱くてフーフー冷ます必要なんてありませんし、皇居で出る魚には骨が一本もありません。骨をきれいに取りますから、安心して食べられるのです。おめでたい時には鯛なども出ますけれど、あれは食べないで持って帰るものなんですよ。

僕なんかはあんまり熱いと、味がわからなくなってしまうと思いますけれど、皆さんが食べると、へえ、こんなぬるいのは美味しくないなんて思われるかもしれません。

食事は海軍だからかどうかわかりませんけれども、洋食が多かったですね。朝食はまず洋食で、パンにハムや卵が付きました。納豆なんて見たこともなくて、だから納豆はいまだに好きじゃありません。夕食も洋食で、多かったのはチキンライスとかオムライスとかでした。おじいちゃんに呼ばれた時は和食でした。
たぶん親たちのほうが美味しいものを食べていましたね。子どもは質素に育てようという方針があったと思います。

――では、今日は何を食べたいかと聞かれたりすることもなかったのでしょうか。

ありませんね。今日の昼は何、夜は何と決まっていましたね。子どもの頃は世間知らずですから、どこもそういうものかなと思っていました。たぶん一週間近く先まで献立は決まっていたでしょうね。こっちから何が食べたいなんて言うってこと自体、思いつかなかった。出たものは食べなさい、きれいに召し上がりなさい、絶対残しちゃいけません。そう言われていましたよ。だんだん戦争が激しくなっていって、米粒一つ残してはいけないという時代でしたしね。

――宮家でも質素倹約だったのですね。

もちろん、戦争に勝っている頃はよかったんですよ。戦利品として、米軍の兵隊が食べていたコンビーフが山ほど来たり——あんな美味しいものは日本にはありませんでしたね。こんなものを食べている国と戦っても、日本は勝てないんじゃないかって言っていたくらいです。あと、ハーシーのチョコレートもね。あんな美味しいチョコレートはなかった。日本で甘いものといえば、グリコのキャラメルぐらいのものでした。戦局が不利になってくると、そういうものがうちでもなくなっていって、節約、節約になりました。

——ちなみに伏見さまがいちばん好きな食べ物は何ですか。

僕は今でも一日一回は肉を食べるんですよ。肉なら何でもいいんです。ステーキなんて贅沢《ぜいたく》は日頃はしませんが、牛肉でも豚肉でもハンバーグでも。あとは卵かな。

でも、野菜は食べられない。温野菜のブロッコリー、カリフラワー、それからオクラ、タマネギ、ニンジンあたりは食べますけれど、サラダなど生の葉っぱものが駄目なんです。なぜかというと、あの頃、今みたいないい肥料がないですから、基本的に下肥《しもごえ》ですよね。赤坂《あかさか》見附《みつけ》の交差点を牛が人糞の樽を載せた車を引っ張って渡っていくのを見た記憶があります。うちにも畑があって、肥溜めもありました。それで子どもの頃、生野菜には回虫がついているから、本当に気をつけて食べてくださいって言われていたのがまだ記憶に残っているんです。

——おやつはどうでしたか。

おやつの習慣はとても大事にしていて、三時になると必ず何か食べていましたね。カステラとかクッキーとか。うちは食事は料理人が作っていましたが、おやつは麹町《こうじまち》にあるいろいろな店から取り寄せていました。今でも栄陽堂ってあるでしょう（シャレー栄陽堂、移転後改称）。そこの丸房露《まるぼうろ》なんてよく食べていました。あとは村上開新堂のクッキーとか。開新堂は宮内庁御用達でね。でも、戦争がひどくなっていって、だんだん煎餅一枚などになっていったような気がします。

百貨店は貸し切り

――洋服や文房具など日常品の買い物などはどのようにされていましたか。

洋服は、小さい頃はたぶん親か誰かが選んでいたんじゃないでしょうか。百貨店かお店かわかりませんが、何着かうちに持ってきてもらって、試着して選んだ記憶があります。床屋は麹町に一軒あって、僕はそこに行きたかったのですが駄目だと言うので、その床屋をうちへ呼んで、やってもらいました。この床屋はもうありません。あと、帽子は麹町のメインストリートに面したところにあったベルモードという帽子屋に頼んでいました。この店もなくなりましたね。

麹町には今でも古いボタン屋（ヒシダボタン店）があって、そこはとにかくいろいろな種類のボタンを置いている有名な小さい店なんです。このあいだ、どうしてもちょっと変わったボタンが必要になってそこに行ったら、なかったら作ってあげますよ、と言う。「お名前は」と聞かれたから、「伏見です」と答えたら、もしかして宮さまですかって。昔、うちへ出入りしていたらしいんですね。そんなことがありましたよ。

――普通の家庭の子どもにとって、親にデパートに連れていってもらったりするのは楽しみだと思うのですが、そういうお出かけはできないのでしょうか。

百貨店には僕が幼稚園か初等科に上がるか上がらないかの頃に行った記憶があります。たとえば三越へ行くとなると、三越は十時開店なのに九時半頃に行くわけです。車に乗って三越に着くと、店員が整列して出迎えてくれて、開店までの三十分間に何かを買うという感じだったと思います。子どもですから買うのは洋服とかじゃなくて、おもちゃですよ。あと、文房具は伊東屋って店が銀座に今でもありますが、伊東屋にもやっぱり九時半頃に行きましたね。貸し切りで、エンピツとか消しゴムを買うんです（笑）。本当の話ですよ。

――そういう時は、お母さまやごきょうだいと一緒に行かれるのですか。

おふくろとは一緒だったことがあるかもしれないけれど、だいたいはお付きが一人ですかね。きょうだいで行ったことはなかったなあ。憲兵が付いてきたり、来なかったりだったと思います。

車は家族一人につき一台

車はね、昔は家によってみんな違ったんですよ。たとえばうちはクライスラーでした。久邇さんのところはリンカーン。

——車種は、お父さま方が選ばれたのでしょうか。

宮内省側の意向があったのではないでしょうかね。うちは、クライスラーとパッカードでした。今やパッカードなんてメーカーもなくなってしまいましたものね。キャデラックが誰だったですかね。李王家はベンツです。それも2シートのスポーツタイプ。ただ、ロールスロイスは天皇陛下専用と決まっていたから、われわれは使えなかった。

——なるほど、天皇家はその頃からロールスロイスだったんですか。

ロールスロイスですよ。皇居に古いのがありますよ。また、ドイツのベンツミュージアムにもないベンツもあります。これはドイツが欲しがっているんですけれど、でも天皇陛下がお売りになるわけにいきませんからね。(笑)

あの頃はね、われわれの車にはナンバープレートがないんですよ。公務で出かける時は菊の紋のナンバープレートを付ける。だけど、たとえばうちのおじいちゃんがお忍びで熱海の別荘に行くとかそういう時は、勝手な番号のものを付けるわけです。これはずっと後、東京に米軍の空襲が始まった頃だと思いますが、ある時、おじいちゃんのクライスラーに「29」のナンバープレートを付けていたら、この番号はB29を想起させますからね、石を投げられたと聞いたことがあります。

車は家族の一人につき一台あって、運転手も一台につき一人いました。学校もきょうだいがそれぞれの車で同じ学校に行く。だから、使用人が七十人ということになるのです。

――ごきょうだいが一緒に、ということはないのですね。幼稚園も車で送り迎えでしたか。

そうです。憲兵付きでしたから。青山にあった幼稚園はともかく、初等科なんてうちから歩いて四、五分なのに、歩いちゃいけないと言われて、車で通っていましたから、つまらなかったですね。友だちがみんなでわいわいしながら歩いて帰っていくのがうらやましかった。今、上智大学のグラウンドになっていますが、もともとはお堀があって、冬場は鴨がいっぱい来ていました。そんなのを見ながら帰ることだってできたはずなんです。

――そういったことからも、ご自身が他の子たちとちょっと違うと思われたのでしょうか。

そうですね。さびしかったけれど、でも、そういうものなんだとも思っていました。もうあきらめているというか。

——学校の行き帰りなどの移動は必ず車だったのですか。

そうでしたね。行く先によっては憲兵も付いてきました。ちょっとしたドライブの時も憲兵が一緒で、ある時、僕が道端のレンゲがきれいだと思って、車を降りて取ろうとしたら、その畑の持ち主のお百姓さんに「何をするんだ」と怒鳴られてね。そうしたら、付いてきた憲兵が持ち主を逆に脅しつけたということもありました。

言葉遣い

——言葉はいわゆる公家言葉、御所言葉ということになるのでしょうか。

そうですね。生まれた時から、父は「おもうさま」で、母は「おたあさま」。祖父が「おじじさま」で、祖母が「おばばさま」です。言葉遣いについては、おふくろもなかなかうるさかったです。でも、学校では普通の言葉でしゃべるので、使い分けが大変でした。まあ、戦前はどっちの言葉が出ても許されましたけどね。学校で御所言葉が出ても、「この子は宮さまだ」とわかっているからいいのです。ちなみに、便所は「御用所《ごようどころ》」。今だって、皇居に行って「便所はどこ」なんて聞いたら、アウトですよ。かと言って、会社に行って、「御用所は」なんて言ったら、この人頭が変なんじゃないかと思われてしまう。（笑）

——おばあさまとの思い出話のなかで、琴を習われていたとうかがいましたが、習い事はほかにもやっておられましたか。

和歌を詠むというのがありました。琴とだいたい同じ頃、初等科に入ってからの六、七歳の頃のことですが、和歌もお師匠さんがうちに来て、教えてくれるのです。これがまたつらくてね（笑）。僕は全然センスがないんです。そういうことは小さくてもわかるものです。簡単なようでいて、本当に難しい。

——和歌はご家族のみなさまがよくたしなまれていたのでしょうか。

おやじはどうかわかりませんけれど、おじいちゃん、おばあちゃん、おふくろはやっていました。それから、おばあちゃんとおふくろのところには、長唄のお師匠さんも来ていました。あと、習い事とは少し違うかもしれないけれど、馬には三歳の頃から乗っていましたね。

5　天皇一家・親族・友人との交流

昭和天皇との交流

——昭和天皇についてのご記憶は、いつからありますか。

終戦の二〜三年前、十歳ぐらいの時からですかね。皇族と言っても、僕ら未成年者は天皇陛下にはなかなかお会いすることができないんです。うちはおじいちゃんがいましたので、何かあればおじいちゃんがお会いしていました。

——終戦の二〜三年前からお会いになったということは、未成年でいらっしゃるけれどもお父さまが亡くなられて、ごあいさつに伺う機会ができたということでしょうか。

たぶん、おじいちゃんに連れられてごあいさつに行ったのだと思いますよ。僕に対する教育の一環ということがあったかもしれません。

——そういった時に昭和天皇のご様子から戦争が今どうなっているのか、といったことをお感じになったりしましたか。

いや、たとえばうちの場合だったら、そういうことは全部おじいちゃんを通しての話ですからわかりませんよ。それに、僕は昭和天皇の前では緊張してしまうから、そんなことを感じている余裕なんてありません。

——昭和天皇の印象はどのようなものでしたか。緊張なさるということは、怖いというような印象がおありなのでしょうか。

いいえ。僕らはもうすごく優しくしていただいたという印象ですね。僕らの年齢に合わせたようなお話をしてくださるし。アメリカへ今度留学しますという時にごあいさつに行

昭和天皇の観兵式（昭和初年、毎日新聞社提供）

って、一緒にいろいろお話しして、帰ってきたらまたごあいさつに行く。そういう関係です。

久邇宮家とのつながり

――伏見宮家として、おじいさまのお誕生日や年中行事などで、皆さまでお集まりになることはありましたか。特に伏見宮家で大事にされている、この日は大事な日だという日はありますか。

それはね、誕生日ぐらいじゃないですかね。ほんの内輪でね。

――そういった内輪の会だと、久邇家の方とかご親族の方もいらっしゃるのですか。

そうですね、久邇さんの家は血筋が近いですから。久邇さんのお母さまが知子《ともこ》と言って、うちの出身だからね（博恭王第三女王）。

――知子さまは、伏見さまの叔母さまにあたりますから、久邇さまの回想を拝見すると、伏見宮家の習慣についても書かれています。また、おじいさまの博恭王、おばあさまの経子妃の思い出もあり、お二人ともとてもお孫さま方に優しかったと書いてありますので、とても近しい間柄であったことがわかります。

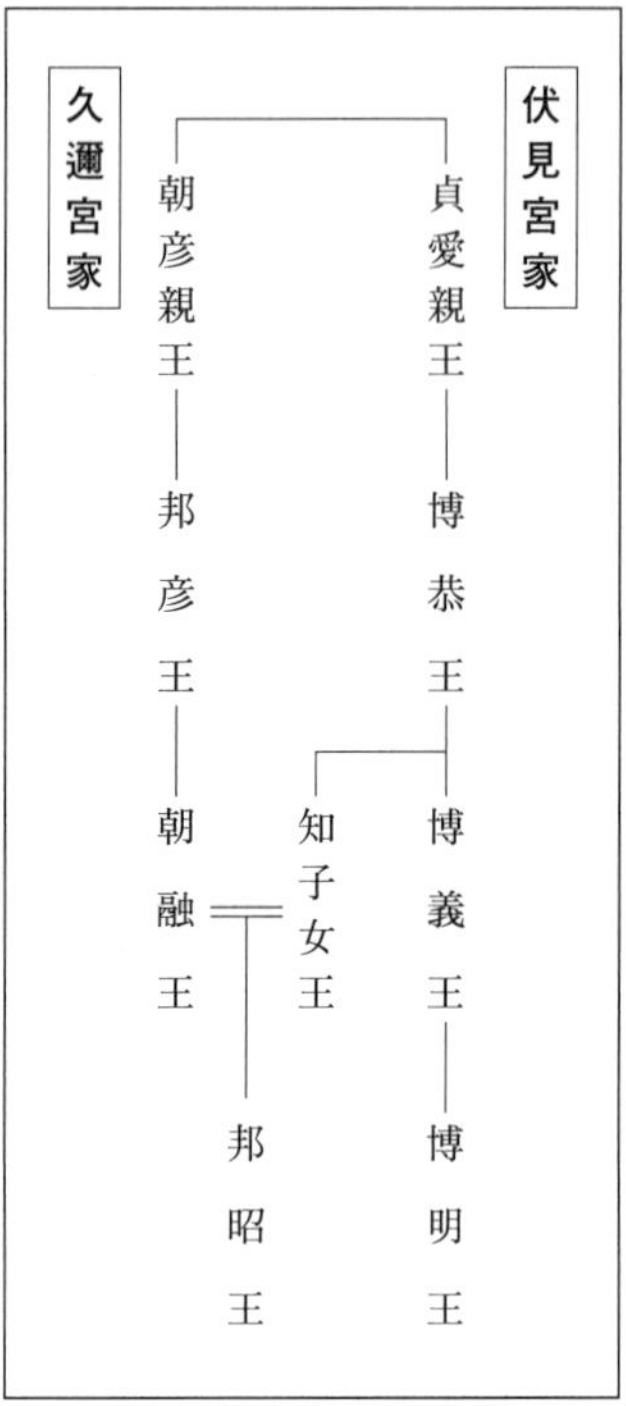

伏見宮家・久邇宮関係図

そうですね、久邇（邦昭）さんはよくうちへ来られて、一緒に遊んでいました。久邇さんはきょうだいが多くて、お姉さんが二人、妹さんが三人、弟さんが二人おられます。

――今でも久邇家の皆さまとは、先ほどの叔母さまの関係でつながりがおありですか。

今はね、あまり会いませんね。久邇さんとはよく会って、一緒にゴルフもするし、昔から一緒に酒を飲んだけれど、この頃は久邇さんも飲まなくなってしまったから。（笑）

学習院の同窓会

──学習院の同窓会などのお集まりは、今でもありますか。

ありますこの間はなんと幼稚園の（笑）。卒園したのはもう何年前だろうって考えたら、八三年前かな。でも、トータルで八人ぐらいは来ましたよ。

──たしか、学習院の幼稚園は一学年三十人ぐらいですよね。

当時、学習院の幼稚園に入ることができたのは、ほとんどが皇族と昔の公爵とか男爵の、要するに華族の子弟です。同窓会は、幼稚園と初等科と中等科と、それぞれ別々にあるんです。

──幼稚園の頃の八人が、まだまだご健在というかお元気だというのはすごいですね。

でもね、だんだんこの年齢になると、やはりもう一人じゃ出掛けられなくなってしまうのです。転んじゃいけないとか、特に夜は駄目だから昼にしてくれという要望が出てきます。昼じゃ酒も飲めないじゃないかって言っているんですがね（笑）。でも、学習院の場合はずっと下から一緒に行くのですが、中等科、高等科の同窓会をやったら、「きみ誰だっけな」と言う人もいましたからね（笑）。まあ、でもしょうがないですよね。

──同窓会の頻度は、数年に一回という感じですか。

そうですね。だから僕が言っているのは、皆先が短いのだから、前は五年に一回とか言っていたけれど、毎年やらないと駄目だよって（笑）。どんどん減っちゃいますからね。この間も、ずっと幹事をやっていて、まめに記録を取って写真を撮って、いちいちみんなに送ったりしてくれていた人が急に亡くなってね。今度は誰がやるのだということになって、伏見さんやってくれって言われたのですが、僕は全然無理ですと言いました（笑）。そういうことはまめな人じゃないとね。

――同窓生の中で伏見さまがいちばんお元気だということなんじゃないですか（笑）。ゴルフをなさっているのも伏見さまだけですよね。

ゴルフをやっているのはもう一人いたんですけれど、このあいだ、その同窓会で「こないだね、転んで膝を打って、それっきりゴルフができないんだ」と言って嘆いてましたよ。（笑）

――皇室や元皇族の方々は、お酒が強い方が多いのでしょうか。今上陛下はお酒がとても強いと報道されていますね。昭和天皇もお強かったのでしょうか。

昭和天皇はほとんど飲まれなかったですね。どうだろう、小さなおちょこでせいぜい一杯ぐらいじゃないですか。

――上皇さまもあまりお飲みにならないのでしょうか。

上皇さまはたぶん一杯ぐらいは飲まれます。この間（二〇二〇年一月二十九日）もクラス会があって。久しぶりのクラス会だっていうんで三十人ぐらい集まったって言われたかな。で、つい誰かが上皇さまに勧めたらしいんですね。それで二杯飲まれたら、夜倒れられたと聞きました。

――そういえば、「私的な外出」の後に少しお加減が悪くなったという報道がありました（「一時意識失う　上皇さま静養」『朝日新聞』二〇二〇年一月三十一日付朝刊）。

久しぶりの同窓会で三十人も集まったらうれしいですよね。それで、つい飲まれたみたいだと、ある同窓生が言っていました（笑）。おまえが飲ませたんだろうって言ったら、いや、上皇さまが杯を持っておられるからお飲みになりたいのかと思ってとかなんとか言ってね。（笑）

第二章　皇族としての少年期

1　同学年に三人の「殿下」――学習院初等科時代

2　皇太子との日光疎開――中等科時代・終戦まで

1　同学年に三人の「殿下」――学習院初等科時代

昭和十三（一九三八）年四月、伏見宮博明王は学習院初等科に入学した。学習院は宮内省の外局として設置された官立（現在の国立）の学校であり、皇族・華族の子弟のほか、政財界の上流の子弟にも門戸が開かれていた。同学年の「殿下」は、博明王のほか、賀陽宮《かやのみや》家の第四王子・文憲《ふみのり》王と李王家の次男・王世子李玖《りきゅう》の三人がいた。皇太子（現在の上皇）は二学年下で、昭和十五年の初等科入学。院長は、昭和十四年九月まで海軍大将の野村吉三郎《のむらきちさぶろう》が務め、翌十月から終戦後の昭和二十一年十月まで同じく海軍大将の山梨勝之進《やまなしかつのしん》が務めた。

「かやでん」と「りーでん」

――学習院ご入学時は四谷の初等科の校舎がちょうど建て替えの時期にあたっていますね。

ええ。昭和十五年から皇太子さまが通われるのに合わせて建て替えが始まっていました。だから、僕が最初に通ったのは目白の仮校舎でした。古い校舎で、冷房も暖房もなくて、教室の真ん中にだるまストーブがあったのを覚えています。

――『学習院百年史』第二編（以下、『学習院百年史二』）によりますと、新しい校舎には床下暖房、ガラスの黒板、食堂があり、防空室のほか三階の食堂の上には陸軍の高射砲の陣地まであったということです。さらに、食堂が臨時の兵舎となって、兵士が数十名常駐していたとあります。

兵隊がいましたかね。それは覚えていません。

四月に皇太子さまが入学される前の春休みに何日間か在校生がその準備のために校舎に入りました。本当に真新しい校舎だったのを覚えています。校庭にはグラウンドと土俵があって、そこでみんなで相撲をとりました。番付までつくったのです。僕は万年関脇でしたけどね。（笑）

――ご学友というか、クラスでご一緒だったのはどういう方々でしたか。

落成当時の学習院初等科新校舎（昭和15年、学習院アーカイブズ提供）

校庭の土俵（『皇太子殿下御卒業奉祝記念写真帖』、大正３年）

学習院は皇族と華族が多かったですからね。徳川とか松平とかそんな苗字の連中ばっかりでした。東西二クラスで、一クラス三十名でしたが、先生がその中から十名くらいを選んで、いわゆるご学友というんですかね、その十人なら付き合っていいですよ、という感じでした。その十人以外は学校の中では一緒に勉強したり遊んだりしてもいいけれど、うちに行ったり呼んだりして遊ぶのはよくないよ、と。うちは学校から歩いてすぐでしたから、学校が終わると決められた人を呼んで、日没まで一緒に勉強したり遊んだりしました。それで、そのたびに来た人にはお土産を持たせるんです。楽しい思い出ですね。

――同級生には、のちに外交官になって、学習院院長にもなる波多野敬雄《はたのよしお》氏もいました。

はい。波多野君は学友ではありませんでしたが、学校でなら学友じゃなくても遊べましたから、仲がよかったです。子どもの頃は家柄とか身分とか全然意識しませんからね。

――学友に選ばれる基準は、家柄でしょうか。

そのへんは詳しくはわかりません。たぶん先生がその子の性格を見ていて、乱暴な子は駄目というように決めたんだと僕は見ていました。家柄で、あの子はどこどこの男爵の子だから、というふうに選ばれていたわけではないと思います。

――同学年には賀陽宮さまと李玖さまと、「殿下」が三人おられたわけですが、

『学習院百年史二』によると、他の子どもたちは、殿下のことは「殿下」と呼ぶように教育されていたとあります。

そうですね。たしかにその三人は「殿下」と呼ばれていました。名前を呼んでくれなかったから、さびしいような気がしていました。僕にもちゃんと名前があるんだぞと思っていましたよ。それに同じ学年に殿下が三人いたので、誰かが「殿下」と呼ぶと、三人が振り向く（笑）。だから、李玖さんが「りーでん」、賀陽さんが「かやでん」って呼ばれていました。僕だけは「殿下」でしたけど。

三人だけのあいだでは、たとえば僕が賀陽さんを呼ぶ時は「文憲さん」、李玖さんは「李玖さん」でした。李玖さんは体が小さかったので「玖ちゃま」と呼んだりすることもありました。ほかにも別のあだ名がありましたけど、それは秘密ですから、ちょっと言えません。（笑）

――言えないような秘密のあだ名があったのですね（笑）。やはり伏見宮家は筆頭宮家だから、「殿下」は「殿下」なのでしょうか。

そういうことだと思います。だから、戦後にサラリーマンとして働いていたときは別ですが、今だって僕のことを「殿下」と呼んでくれる人が多いから、いつのまにか「殿下」と呼ばれるのがいちばんしっくりくるようになってしまいました。それから、学習院は学年を東組と西組の二クラスに分けるのですが、他の子たちは毎年クラス替えがあるのに、僕は一年から六年までずっと東組なのです。賀陽さんと李玖さんもずっと西組でした。

――上皇さまも「一貫して東組」ということでしたので（橋本明『知られざる天皇明仁』講談社、二〇一六年）、「東」というのも、筆頭という意味合いなのですね。それでは、教室の中の席もずっと同じでしたか。というのは、上皇さまのご学友の橋本明さんの回想（『平成の天皇』文藝春秋、一九八九年）で、上皇さまの席は中央列の前から三番目に決められていたとあるからです。

いいえ。僕らの場合は背の低い順に前から座っていって、背の高い人がいちばん後ろの席と決まっていました。僕は背の高さが真ん中ぐらいでしたから、席も真ん中ぐらいでした。

皇族としての振舞い

――初等科二年の時、昭和十四年に院長が野村吉三郎から山梨勝之進に代わっています。山梨院長は皇族を特別扱いせず、一般学生と平等な指導を原則とした、と『学習院百年史二』にありますが、何か変化を感じられましたか。

野村院長も山梨院長も海軍大将で、うちのおじいちゃんの部下と言っては何だけれど、

第十六代院長野村吉三郎（左）、**第十七代院長山梨勝之進**（学習院アーカイブズ提供）

そういう意味では同じでした。聞いた話ですが、山梨院長はうちのおじいちゃんが「孫が入るから頼むよ」と推薦して、院長になったっていいますからね。お目付役ということかもしれません。学校のなかで、山梨院長に表だって特別扱いされることはありませんでしたが、先生方や友だちには何らかの指示を出していたそうです。ずいぶん後になって、友だちにそんなことを聞きました。でも、普段はいつもみんなと一緒です。遠足だってみんなと一緒に行きました。

――同窓会の記録集にあった初等科の遠足の集合写真では、真ん中に伏見さまがおられました。クラスのリーダー的存在ということでしょうか。

そんな感じでした。模範になれということなのでしょうね。いつも注目されているようで、自分としてはつらかったです。特別扱いされるというよりは、皇族として特別な振舞いをしなければならなかったのです。学校では朝礼が毎日あったのですが、朝礼では僕は必ず一人で前に出て立っていなければなりませんでした。五分か十分ですが、先生の前で、先生のほうを向いて、先生のお話を不動の姿勢で聞かなくてはならなかったのです。みんなに見られているから、とにかく動いてはいけない。同級生たちはキョロキョロしているのにね。そういう状態だけでも、最初はなかなか慣れませんでした。

うちでも、「あなたはみんなに見られているから」ということはよく言われました。こうしろ、ああしろとは言われませんでしたが、それだけは言われて、あとは自分で判断しなさいということだったと思います。

――初等科在学の時期は、日中戦争から太平洋戦争へ進んでいく時期に重なります。そんななか、皇族の方々はいろいろなご公務をなさっています。『朝日新聞』（昭和十四年三月十一日付夕刊）には、七歳の時に伏見さまが久邇さま、賀陽さまと牛込第一陸軍病院に慰問に行かれたことや「子供の健康展覧会」に賀陽さまと李玖さまと行かれたことなど（同年六月二十三日付朝刊）が報道されています。

そうですね。いろいろなところへ行かされましたね。でも、大変とか、好き嫌いとかの前に、皇族なのだからそれが当たり前だと思っていました。当時は車で移動すると、車自体が少ないこともあって、みんな沿道で日の丸の旗を振って迎えてくれるわけです。東海道線に乗ってどこかへ慰問へ行く時も、各駅停車で停まるたびに駅長が敬礼するでしょう。そんな時に寝ているわけにはいきません。そのせいで、初等科の一年生の頃から乗り物では絶対眠らないという習慣がつきました。学校に入って以来ずっと、一時間ぐらいなら動かないでも全然平気になりましたし、車でも電車でも、寝ないことが癖になっています。

あと、中等科に行く直前の三月には、李玖さんと一緒に茨城の日立の工場を慰問に行きましたね。水戸の近くにあった内原《うちはら》訓練所という、満洲への農業移民のための訓練所で何日か宿泊しました。その頃はアメリカ人やオーストラリア人の捕虜たちが日立の工場で働いていたんです。捕虜たちが一列に並ばされて、われわれ小さな皇族に敬礼しろ、と言われていました。日立に限らず、結構あちこちの工場に捕虜がいましたから、そういう工場見学に何度か行ったと思います。

皇太子との出会い

――上皇さま（当時の皇太子）は二学年下ですが、初等科時代から交流がありましたか。

はい。上皇さまとは年齢が近かったせいもありますし、家も近かったので、仲良くさせていただきました。放課後や日曜日に東宮仮御所にお呼ばれして、一緒に遊びました。当時のことですから、遊ぶと言ったって、今のようにゲームがあったりするわけじゃありません。よくやったのは、池のそばの築山でのござ滑り。池も築山も今でもありますが、斜面がけっこう急なので、滑りすぎて池に落っこちたりしましたよ。

学校のなかでは、皇太子さまは少し特別扱いでした。その頃は毎日弁当を持っていっていたのですが、皇太子さまはたしか特別室で召し上がっていました。僕らはみんなと一緒。というのは、同級生がみんなで僕の弁当を覗いて、「あ、うまそうなものがある」と言ったのを覚えているから（笑）。そう言ってはなんですけれど、一般の家庭では、すでに肉などが手に入りにくくなっていたのです。だけど、うちはまだ海のものも山のものも食べ放題でしたから。

――放課後にはほかにどんな遊びをされましたか。学習院の教授大綱によると、初等科五年と六年の時に、弓道と剣道が必修で、これが放課後に週一時間あっ

皇太子、学習院へ初のご登校（昭和15年４月、毎日新聞社提供）

学習院初等科秋の運動会で騎馬戦に参加した皇太子（昭和17年10月、毎日新聞社提供）

たようです（『学習院百年史二』）。

弓道も剣道も両方やりましたけど、僕は主に弓道でしたね。放課後はあとは何をやったかな。戦時中でしたから、休み時間というと、だいたいは戦争ごっこです。ドッジボールみたいなものもやっていました。

戦争ごっこのなかでも、学習院は騎馬戦が盛んでした。ご存じのように、騎馬戦は三人で組んで、担がれた人が大将になり、その大将がやっつけられるとチームは負けになります。大将になるのはだいたい宮さまなんですよ。なぜかって、別に宮さまが偉いからじゃなくて、宮さまをたたいたり投げ飛ばしたりするわけにいかないっていうので、宮さまが大将のチームが勝つことになるからです。子どもの世界でもそういうことが時々ある。（笑）

得意な科目、苦手な科目

――学習院では、主管と呼ばれる担任の先生がいて、それぞれ理系と文系の方が配されると決まっていました。東組の主管はどちらでしたか。

最初は松山先生という方で、途中で出征されて、福田正一郎先生に代わりました。松山先生はすごく優しくて話しやすい先生だったんですけれど、福田先生は厳しくてね。授業が終わってみんなが家に帰る時に、「殿下は帰っちゃ駄目」と引き止められて、教室でマンツーマンで、「殿下というものはこういうふうに行動しなくちゃいけません」という話を淡々とされるんです。こっちは帰りたくて帰りたくてしかたがないのに（笑）。理系か文系かで言えば、東組は文系でした。僕は理系が弱くて、どちらかというと国語が得意でした。あとは工作と生物。生物っていうと、昭和天皇をはじめ、皇族の方々はみなさんお出来になったので、得意だったと言いにくいところがありますけれど。

――では、苦手な科目は何でしたか。

前にもお話ししたように、僕はまったく泳げないんです。当時はみんな絶対に泳がされるわけです。溺れそうになったって泳がされる。だけど、僕はそれが嫌で嫌で、サボりまくっていました。そう言うと、それは殿下だからサボることができたんだって言われますけどね。

初等科の六年の夏休みには、沼津の遊泳場で十日間ぐらい合宿があって水泳をしなくちゃいけないカリキュラムがあるんです。これも行ったというか行かされて。

午前中は授業があって、昼食の後、三十分昼寝して、それから水泳の時間なんです。それが不思議と、昼を食べるとおなかが痛くなっちゃう（笑）。それで、「先生、おなかが痛い」と言うと、「殿下、ゆっくりお休みください」っていうのがパターン。だから、一度

昭和10年代、沼津の遊泳演習風景（学習院アーカイブズ提供）

も泳ぎませんでした。水泳の講習は独特のもので、小堀《こぼり》流といって手に扇とかを持って、足だけで進むんです。ま、やったことはないんだけど。

沼津の宿舎は、今でもそうですが、古い建物でね。蚊帳《かや》を吊って寝る。トイレは外で、庭に出て、ずいぶん歩かなくちゃいけない。夜は真っ暗になりますし、怖いから友だちを起こして一緒にトイレに行きました。

あと、サボったといえば、四谷の初等科ではマラソンというほどのものではないんですが、競走の恒例行事がありましてね。初等科から国道二四六号沿いの虎屋の前まで行って、そこで札を貰って戻ってこなくちゃいけないんです。片道で一キロぐらいで、みんな真面目に走っていましたけど、僕は自分の家の横を走るのがなんだかばかばかしくて（笑）、友だちに札を貰ってきてよって頼んで、赤坂離宮の守衛所で隠れて待っていました。走るのも嫌、泳ぐのも駄目。（笑）

——四年生の時に太平洋戦争が始まります。どんな感じだったか覚えておられますか。

それは最初はすごかったですよ。日本がフィリピンを占領した、シンガポールを占領した、と大々的に報道されて、そのたびに向こうのデパートにあった物を全部持ってきてしまうんだから。さっきもお話ししたように、コンビーフの缶詰が海軍省から小さな部屋いっぱいになるくらい来たり、ボタンを押しただけで音楽が流れるポータブルラジオだって、その時初めて見ました。車もね、戦利品とかでクライスラーが一台ポンと手に入ったんです。あれだけ横文字にケチをつけた東条英機だって、ビュイックのオープンカーに乗っていたんだから、おかしなものです。

——太平洋戦争二年目の昭和十七年から皇族学生の教育の強化が図られ、「御在学皇族御教育案起草委員会」が設置された、と『学習院百年史二』にあります。翌十八年三月にはその一環として、中等科二年の久邇邦昭さまと初等科五年の伏見さま、李玖さまが静岡県で合宿し、学習と坐禅を行ったと書いてあります。久邇さまの回想にも、「皇族の生徒だけで禅寺に三～四日こもったことがあった」「坐禅を何度かした。警策《きょうさく》で背中をパシッとやられた。こういう世界もあるのか、なかなかいいもんだなと思って、それから時々家でも坐ってみたりした」（『少年皇族の見た戦争』）とありました。

そうそう（笑）、僕もやられましたよ。あれはたしか静岡県興津《おきつ》の清見寺でしたね。真っ暗ななかで座禅を組んでいると、ネズミがちょろちょろ出てきてね。普段は動かないでじっとしていられるんだけれど、ネズミが出てきたらさすがに動くでしょう。そうすると、背中をパシッと叩かれるのです。殿下だろうが何だろうが、そこは特別扱いはなくて、容赦なくやられました。

2 皇太子との日光疎開——中等科時代・終戦まで

昭和十九年、学習院中等科に進む。戦局が進み、学習院でも学徒勤労動員がなされた。伏見宮博明王は十九年十二月から小田原の工場へ疎開を兼ねた勤労動員に行き、翌年三月からは同級生たちと離れ、皇太子が疎開していた日光に特別な形で合流することになる。

学徒勤労動員

——この頃になると、学習院でも学徒勤労動員が始まります。『学習院百年史二』によれば、中等科一年は昭和十九年九月から小田原の湯浅蓄電池という会社に、四人の教官と教務部主任、配属将校が同行して、賀陽さま、李玖さまを含めた八六名が参加したとあります。

そうですね。湯浅蓄電池に行きました。中等科二年と三年は、先ほど言った内原訓練所でした。湯浅蓄電池は今はＧＳユアサという会社で、工場もまだあります（二〇〇九年に移転）。そこへ行って、潜水艦のバッテリーを作りました。潜水艦用の蓄電池というのは作業が細かくて大変なんです。僕らの作ったバッテリーじゃ、日本の潜水艦は駄目なんじゃないか、浮上せずですよ。（笑）

僕はなぜだったか忘れましたが、一人遅れて十二月から参加したんです。そのせいか知りませんが、僕だけは別室をあてがわれて、この時も一人でさびしい思いをしました。友だちに後で、「僕らは女工さんと一緒に雑魚

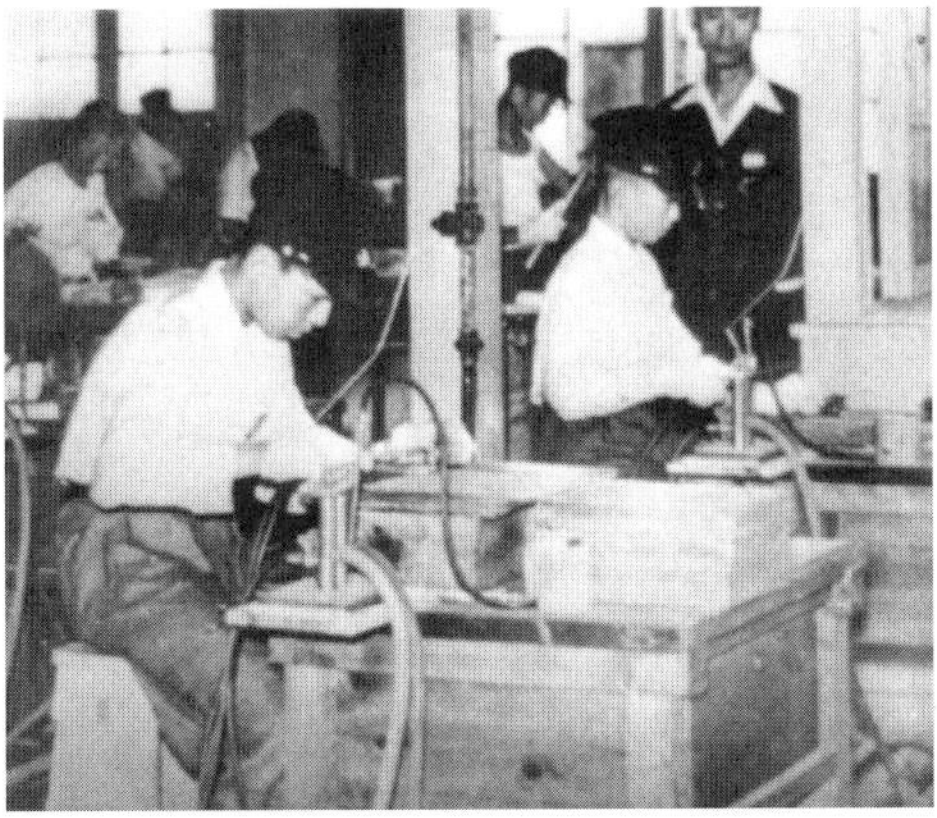

湯浅蓄電池の工場に動員された学習院中等科１年生（『学習院百年史』第二編）

寝だったよ」と聞かされたんです。そのほうがよっぽどよかったのに。（笑）

――『学習院百年史二』にも、伏見さまのご参加に伴い、「三殿下のための宿舎」が工場内に建てられましたが、文憲王・李玖両殿下は従来どおり海岸にある宿舎からお通いになったとあります。

なぜ一人だけ遅れたのでしょうね。今、一人でさびしかったと言いましたが、正確に言えば、われわれにはお付きの人、侍従ではないんだけれど侍従みたいな人が必ず付いていました。僕の場合は小松という人で、どこへ行くのも一緒でした。それから、江本義教という生物の先生が必ず一緒でした。江本先生はとても好きな、尊敬する先生で、江本先生のおかげで僕は生物が好きになりました。僕らはみんな先生にあだ名をつけていたのですが、江本先生はキートン。その頃人気だったアメリカの喜劇俳優のバスター・キートンに似ていたんです（笑）。湯浅蓄電池に同行していた先生で英語の菊池浩先生も好きな先生で、教え方がとてもわかりやすかった。菊池先生のおかげで英語もいっぺんに好きになったんです。

――ただ、昭和十九年にもなると食糧難で大変だったのではないでしょうか。

まあ、あの頃は食糧難が当たり前でしたからね。毎日豆ご飯にニシンというメニューでした。小田原よりは、内原訓練所のほうがまだ食糧事情はよかったらしいです。でも、食糧難よりも、さびしいことのほうが僕にとっては問題でした。特別な宿舎をわざわざ作ってくれたのだとしても、食事も宿舎もみんなと一緒がどれほどよかったことか。

——小田原での勤労動員のあいだに昭和二十年のお正月を迎えることになります。この時、どのように過ごされたか覚えておられますか。ご家族はどちらに疎開されていたのでしょうか。

正月休みがあって、生徒は小田原から自宅に戻ることになっていました。でも、その頃には東京はもう危ないと言われていましたし、現に小田原工場の上をB29や機銃掃射をする戦闘機が飛ぶようになっていました。

うちの家族はすでに東京を離れていたので、片瀬のわれわれ子どもたちが利用する別荘に行きました。元日は熱海のおじいちゃんの別荘に行ったかもしれません。熱海の別荘は本当にいいところでしたね。来宮《きのみや》駅の北のほうにある平屋の純日本家屋で、熱海の街が眼下に広がっていました。おじいちゃんの部屋には、戦艦「比叡」の大きな純銀の模型があったのですが、終戦直後にアメリカの兵隊がやってきて、持っていかれてしまいました。

この頃じゃないでしょうか、熱海の別荘の真上をアメリカの戦闘機グラマンが何機も飛んでいったことがありました。パイロットが間近に見えるくらいの距離でした。

——正月休みが明けた後、小田原に戻ってきた生徒は六十名に満たず、つまり三分の一が戻ってこなかったということでした。小田原もいよいよ危なくなり、二月一日には全員帰京となり、二月五日から学習院での授業が再開されます。この時、学生一人あたり月三十円の報償金が支払われた、と『学習院百年史二』にありますが、覚えておられますか。

いや、その記憶はありませんね（笑）。でも、われわれが小田原工場を出て間もなく、空襲で工場はやられてしまったんですよね。

――小田原の工場が爆撃されたのは八月十三日で、十三名の工員の方が犠牲になり、現場に建てられた慰霊碑は工場の移転とともに移されたそうです。

戦争に負けそうだ、あるいは戦争が終わりそうだということは、いつ頃から聞かれていましたか。

おじいちゃんが元軍令部総長ですからね。具体的にいつとは言っていませんでしたが、もう軍艦もないよ、戦争は終わるよ、と言っていました。

おじいちゃんは僕に接する時はいつもにこにこして明るい顔だったのが、いつのまにか元気がなくなって、悲愴な顔になっていました。そういうのは子どもにも伝わりますよね。

おじいちゃんの部屋には誰も入ってはいけないことになっていて、僕もあまり入っちゃいけないよとは言われていたのですが、入っても文句は言われなかったんです。おやじが死んで、将来海軍に入って、自分の跡を継ぐのはこの孫だという意識があったのでしょう。かわいがってくれたと思います。

たぶん中等科一年の頃、昭和十九年頃でしょうか、おじいちゃんの部屋には海軍省で描かせた軍艦の大きな絵が貼ってあったんですが――ええ、結構細密な絵です――、おじいちゃんは軍艦が撃沈されるたびに、その軍艦の絵に斜めに線を引いて消していくんです。僕の目の前で消していくこともありました。でも、それは、どう見ても大本営発表で聞いたのとは違うんです。大本営発表で一隻撃沈された、と言っているのに、おじいちゃんは三隻、四隻と消していく。あれを見たのは、家族のなかでも、たぶん僕だけです。僕も大本営発表と違っているけどいいの、とは聞かなかったし、聞けませんでした。それで、おじいちゃんは、日本はもう駄目だな、と言うんです。

――戦争に負けるのではないかということを、友だちやまわりの方々と話したりされましたか。

口にすることはなかったと思います。負けるなんて言ったら、たぶん叩かれたかもしれない。でも、誰も勝つとは思っていなかったのではないでしょうか。

日光疎開

――昭和二十年三月二十七日、中等科二年生になられる伏見さまは、中等科一年生になる生徒たちとともに上野を出発し、皇太子さまの日光疎開に「特別御参加」されます。

皇太子さまはその前から日光の御用邸に疎開されていました。僕の同級生はみな山形の鶴岡に疎開するのに、僕と李玖さんは二学年下の皇太子さまのお伴で、日光に行くことになりました。皇太子さまは田母沢御用邸、僕らは金谷ホテルです。金谷ホテルというと贅沢に聞こえて、「そんな疎開があるのか」と笑われそうですが、初等科の新四年生と皇太子さまの新六年生、さらに僕たちと一緒に行った中等科の新一年生の全部が詰め込まれたのです。修身の山本修先生、あだ名は「山修」っていうんですけど、この先生が僕らの専任として同行されていましたが、生徒二人に先生一人ですから、厳しかったですよ。さぼれないし、居眠りもできない。

それでも、中等科一年生とは別行動で、ホテルの三階の個室を与えられて、風呂もいつでも入れましたし、食事も個室で別にとりました。中等科一年生よりちょっといいものを食べていたかもしれない。(笑)

――なぜ伏見さまと李玖さまは、皇太子さまと学年が異なるにもかかわらず、

当時の日光金谷ホテル（学習院アーカイブズ提供）

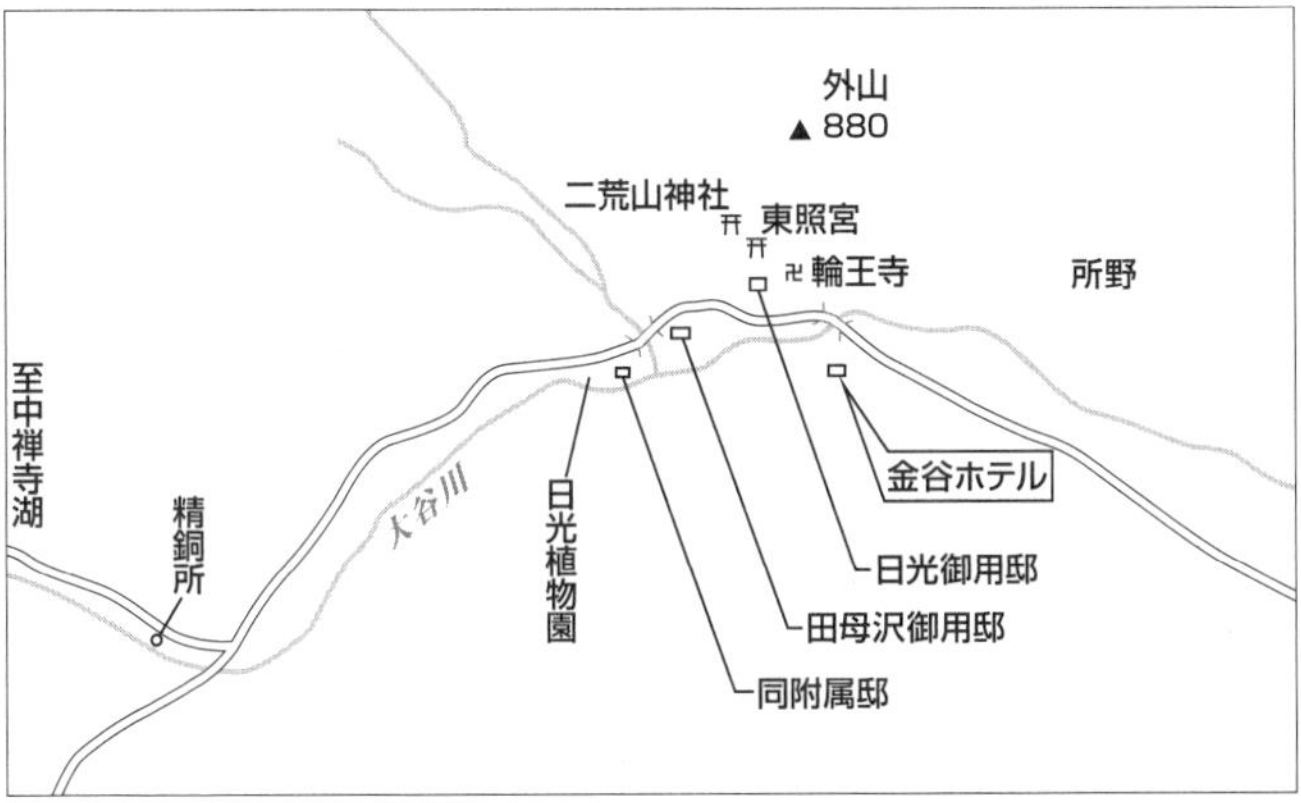

「学習院百年史」第二編より作成

ご一緒だったのでしょうか。それから、三人の殿下のうち、賀陽さまはなぜご一緒ではなかったのでしょうか。

賀陽さんはお父さん（賀陽宮恒憲王《つねのり》）がその前から名古屋で師団長（留守第三師団長、第四三師団長）をされていたから、一緒に名古屋に行かれていたんですね。

僕と李玖さんが日光だった理由を聞いたことはありませんが、年長のわれわれが年少の皇太子さまをお守りするということだったのではないでしょうか。子どもの頃からよく遊んでいましたし、二歳ばかり年上の僕がどれだけ頼りになったかはわかりませんが、そういう役割だったと思うのです。だいたい、皇太子さまのまわりの人たちも大変で、緊張して「はい、かしこまりました」という感じで接するじゃないですか。そんななかで、僕は子どもだし、勝手なことばかり言っているから、皇太子さまにとってはかえって面白かったのかもしれません。

僕は今でも上皇さまに言うんですよ。「ひどい目に遭いましたよ。なんで僕は同級生と離れて日光にご一緒しなけりゃならなかったんですか」って。そうすると、上皇さまは笑って「知りませんよ」なんておっしゃる。（笑）

皇太子さまは授業の時に御用邸から金谷ホテルに来られて、授業をそれぞれ受けた後、二人でよく、金谷ホテルの前を流れる大谷川《だいや》で釣りをして遊びました。皇太子さまは釣りが終わると、御用邸に帰られて、僕は金谷ホテルに戻るんです。上皇さまも先日、「懐かしいですね。今度ゆっくり思い出話をしましょうよ」とおっしゃっていましたよ。

――終戦までずっと日光におられたのですか。東京の様子などはご存じだったのでしょうか。

東京のことは知っていました。大空襲が何度もあって、五月二十五日には紀尾井町の家も焼失していました。蔵が二つと官舎が残ったぐらいで、ほぼ全焼です。

まず、うちが焼ける一ヵ月ぐらい前に、今の赤坂エリアが焼けて、弁慶橋の堀に空襲を受けた人が「熱い」と言って、飛び込んだそうです。留守をしていた使用人に聞きました。それで、焼け出された人が食べるものがないというので、うちで炊き出しをやったそうです。でも、今度はうちが焼けちゃった。この時空襲にあったのは、宮城のほかはうちと閑院宮家だけで、すぐ近所の李王家には焼夷弾が一個も落ちていません。李玖さんも不思議がっていました。そのあたりはアメリカ軍も考えていたんじゃないかと思います。

――伏見宮家には古文書などかなり貴重なものがあったのではありませんか。

僕の子どもの頃のことですからあまり詳しくは知らないのですが、そういったものは宮内省の書陵部などに運び込んでいたらしいです。保管のために預けるというより、あげちゃったんだと思います。

玉音放送

安全だったはずの日光にも、七月になってB29が一機やってきました。これは危ないというので、皇太子さまが御用邸から奥日光の南間《なんま》ホテルに疎開されました。だから、玉音放送も皇太子さまは南間ホテルで聞いておられます。僕は李玖さんと一緒に、李王家の那須の別荘に疎開しました。山修先生も一緒です。そこでまた、先生一人、生徒二人のつらい日々を過ごすうちに、八月十五日になりました。

玉音放送はだから、李王家の別荘で李玖さんと一緒に聞きました。天皇陛下の放送があるよ、というのは知らされていましたが、それが戦争が終わるという内容だとは知らなくて、ただただびっくりしました。李玖さんは僕にも増して、衝撃を受けたのではないかと思います。李玖さんは日本では皇族に次ぐ王族だったけれど、自分は朝鮮の王家なんだということが頭にありましたからね。戦争が終わって、日本が負けて、自分がこの先どうなるのか、複雑な思いがあっただろうと思います。でも、李玖さんと、そういう話をしたことはありません。僕は僕で、日本が負けたのだったら、天皇陛下はどうなるのだろう、って、それがいちばんの心配でした。皇太子さまともそんな話をしたことはありませんでしたが、でも、きっといろいろ考えておられるだろうと思っていました。たぶん、日本が負けた時は、自分も死ぬ運命にあると思っておられたのではないでしょうか。

後で聞いた話ですが、戦争に負ける直前、日本の皇統を守るために、北白川宮道久王《きたしらかわのみやみちひさ》を四国の山の中（徳島県三好市剣山）にかくまおうという計画があったそうです。今でも、かくまおうとしたその家が残っていて、僕も何度か行ったことがあります。もう本当に山奥でね。上皇さまにもそのお話をしたことがあります。上皇さまは「じゃあ見に行きたいね」とおっしゃいましたが、なかなか行かれるような方ではないでしょう。

――ご自身のことについては、どう考えておられたのですか。

僕のことはね、自分の思った通りになるわけでもないし、決められた通りにやるしかないな、という気持ちでした。

終戦があと二、三年遅れていたら、僕もたぶん海軍兵学校へ行って、出征していたと思います。海軍に行った宮さまはみんな艦長になるわけです。うちのおじいちゃんは海軍のトップですから、当然戦艦の艦長をやっています。ただ、戦艦の艦長は海軍のなかでの地位が高いので、戦艦の艦長が宮さまばっかりというわけにはいかない。ほかの軍人が艦長になれなくなってしまうから、空きがないんです。だから、うちのおやじは戦艦の艦長にはなれませんでした。おやじは駆逐艦の艦長で、おやじのきょうだいは、水雷艇の艦長とか、巡洋艦の艦長でした。そうやって考えると、僕がなれるとしたら、航空母艦の艦長です。航空母艦は空いていたのです。もちろん、誰もお前は航空母艦の艦長をやれなんて言っていませんから、僕がいろいろな人から折に触れて聞いた情報をもとにそう思っていたまでですが（笑）。航空母艦は飛行機が花形になっていましたから、真っ先に狙われる。いちばん危ないんです。でも、もうそういうことはないのだなと思いました。

第三章　皇籍離脱とアメリカ留学

1　博恭王の薨去
2　皇籍離脱
3　終戦後の学習院
4　アメリカ留学

1　博恭王の薨去

——那須で玉音放送を聞かれた後、東京にはいつ戻られたのですか。

一週間から十日後ぐらいには戻りました。でも、戦争中も日光からも那須からも時々東京には戻っていたのです。別に帰りたくて帰ったわけではありません。特別な用事があったわけではなくて、おじいちゃんが顔を見せろと言ったのか、おふくろがそう言ったのか……。それでうちが焼けた跡も見ていました。東京に戻る時は、車だと狙われるので汽車、それも特別に機銃掃射があっても大丈夫なようにと一両の半分くらい、窓に畳を敷き詰めた専用の車両で行くのです。

戦争が終わってから東京へ戻る前に、那須から一回だけ日光へ行きました。金谷ホテルはたぶんその後、進駐軍に接収されたのですが、その下見だったのか、金谷ホテルにアメリカ兵がどやどやと来たことを覚えています。みんなピストルを持っていましたから、怖かったですね。たぶんそれで僕が怯えているのを見て、アメリカ兵がチョコレートをくれた。その時食べたチョコレートがえらく美味しくてね。

東京へ戻ってからは、うちの隣の福田家という旅館を借り切って暮らしました。福田家にはどのくらいいたでしょうか、一年もいなかったと思います。

その後、目黒にあった三条公爵の家を買って引っ越しました。ここはその後三條苑というホテルになった場所です。国鉄の線路を挟んだ向こう側に三笠宮《みかさのみや》殿下の家があって、百合子《ゆりこ》さまにはどういうわけか、ずいぶんかわいがっていただきました。泊まりにいらっしゃいなんて言われて、線路を越えて泊まりに行ったこともありました。百合子さまもご健在ですが、もう九十九歳ぐらいでしょう。おじいちゃんが亡くなったのは、この目黒の家でした。

——博恭王は昭和十九年末に軽い脳出血を起こされ、さらに心臓にも異常があったということで、熱海の別荘で静養されていました。戦後はずいぶんお身体の調子が悪かったのでしょうか。

いや、どこが悪かったということではなかったと聞いています。身体というよりも、戦争に負けて気落ちしたということだと思います。おじいちゃんはそれまで持っていた重要な書類や日記を焼いたと言っていました。アメリカのＭＰ（ミリタリーポリス）が調べに来るから、その前に焼いちゃったよとね。自分で焼いたのか、誰か側近の者が手伝ったのか、そのへんはわかりません。熱海の別荘には終戦直後にMPが土足で入ってきていろいろな資料を探したけれど、見つけられなかったんです。だからおじいちゃんは戦犯にならなかったのです。もし見つかっていたら、梨本宮《なしもとのみや》（守正《もりまさ》）さまじゃなくて、うちのおじいちゃんが巣鴨に連れていかれたと思います。

おじいちゃんについては艦隊派であるとか、いろいろ言われて、厳しい評価もあります。海軍を研究されている方からは、うちのおじいちゃんの手帳なり日記なりがあれば、すごく貴重な史料だったのにと言われるけれど、おじいちゃんにしてみれば、これがアメリカの手に渡ったら自分は戦犯になるし、海軍自体がどう言われるかわからないと思ったでしょう。熱海にアメリカ兵が来た時は、いろいろなものを持っていきましてね。泥棒ですよ。でも、向こうは銃を持っていますし、こちらには武器がないんですから。まあ、戦争は勝たなきゃ駄目だという話です。

――博恭王からかわいがっていた孫に、これからのことなど何かお話がありましたか。

いいえ、まったくありません。もうがっくり来ていたのでしょうね。

――亡くなる時は、ご家族で集まって、手を握っているような状況だったのでしょうか。

そういう場面は僕らにはありません。僕ら皇族は、亡くなる瞬間に立ち会うなんてことはその当時はなかったのです。おやじが亡くなった時も、朝、僕が起きて学校へ行こうと思ったら、今日はお休みだよ、と言われて、どうしてって聞いたら、お父さんが亡くなったよ、と言われた、そんな感じなのです。奥さんやご主人が亡くなる時に立ち会った例はあるかもしれませんが、少なくとも親子で、それはありませんでした。まあ、僕らがまだ子どもだったせいもあるかもしれませんが。

おじいちゃんが亡くなったのは終戦の翌年、昭和二十一年の夏で、亡くなったその日に昭和天皇が来られました。伏見宮家の当主は僕ということになりますから、僕が学習院の制服を着て、昭和天皇をお迎えしました。和室の一つにおじいちゃんの遺体が安置してあって、昭和天皇にはそこにお立ちになったままで拝礼していただきました。

お葬式も全部僕がやりました。まだ十四歳ですから、一人で何をしたらいいかわからないし、おふくろがいろいろ助けてくれたと思いますが、こういうものは当主の僕がやらなきゃいけないということになりまして。おふくろにそう言われたというのもありますし、僕も自分でやらなくちゃいけないと思ってもいました。でも、迷うことばかりです。弔問に来た方を玄関まで送ってはいけないと言われていたのですけれども、天皇陛下に対しては、やはり玄関までお送りすべきなんじゃないだろうかと、すごく迷ったことを今でも覚えています。どうしたらいいかわからなくて、迷いながら、何とか務めたという感じでした。

2　皇籍離脱

昭和二十二（一九四七）年十月、伏見宮家は他の十一宮家とともに皇籍を離脱した。

終戦直後から皇室の改革は始まっており、昭和二十年十一月にGHQは宮内省に、各皇族の全財産の調査を開始するよう命じた。翌年五月二十一日には、「各皇族に対する金員もしくは物件による贈賜・貸与を禁止すること、宮内省職員の皇族もしくは当該宮家への奉仕を禁じること」（『昭和天皇実録』第十巻、以下『昭和天皇実録十』）などの指令が出され、これまでの特権が剝奪された。さらに二日後の五月二十三日には、「免税を含むあらゆる特権と義務免除」の「剝脱」が発表され（小田部雄次『皇族』）、秩父宮など直宮家以外の十一宮家で三番目の資産を持つ伏見宮家は七九二万円の総資産の債務などを引いた額に対して八五パーセントの課税率で財産税がかけられることになった（浅見雅男『伏見宮』）。

昭和二十一年十一月三日、日本国憲法が公布され、皇室典範の改正が進むなか、同月二十九日には天皇が自ら十一宮家を集め、「やむを得ざる事態につき」皇籍離脱を申し渡した。昭和二十二年十月十四日、皇籍離脱が告示され、十八日に皇籍離脱した十一宮家の人びとは宮中三殿を参拝し、天皇・皇后・皇太后と晩餐を共にするなどした（『昭和天皇実録十』）。なお、皇籍離脱に際しては一時金が支給された。

昭和二十二年十月十八日

――皇籍離脱に際して昭和二十二年十月十八日に皇居へ行かれた時のことを覚えておられますか。

昔は成人しないと天皇陛下のところへ行くことはできませんでした。まだ十五歳ですから、おじいちゃんやおやじが生きていれば、僕が行くことはなかったわけです。成人して

天皇、皇后両陛下に挨拶の後、東京・赤坂離宮でのお別れ夕食会に出席した元宮家の人々（昭和22年10月18日、共同通信社提供）

いればモーニングを着なければなりませんが、未成年の僕は学習院の制服でした。当時の写真がありますが、若造ということもあって、僕は左の隅のほうで写っています。

天皇陛下は僕らのなかでも別格ですからね。家庭でも、天皇陛下の前ではこうしなさい、ああしなさいと教育されていました。正式な場に当主として出たのも初めてでしたし、とにかく天皇陛下のところへ行くと緊張しちゃって、何が何だかわからない。どこに座ったかも覚えていない。たとえ美味しいものが出たとしても、美味しいと感じる余裕なんてありませんでした。

——お食事の時に、天皇からは次のようなお言葉があったと『昭和天皇実録十』にあります。

「此の際一言御挨拶を申述べたい。皇族としての皆さんと食事を共にするのは今夕が最後であります。しかしながら従来の縁故と云ふものは今後に於ても何等変るところはないのであつて将来愈々お互いに親しく御交際を致し度いと云うのが私の念願であります」

そうですね。陛下のお言葉があったことは覚えています。これからは平民として頑張るように、というお話でした。この日の前に、おふくろから、今までのような生活はもうできないのだから、すっかり切り替えて、一般の方々と同じような生活をしなきゃ駄目ですよ、と言われたことを覚えています。おふくろもこれからどうなるかなんてわかっていなかったと思いますが。

でも、僕はむしろ、宮さまという縛りがなくなる、自由になるという気持ちのほうが強かったですからね。不安とか、困ったなという気持ちなんかは全然なかった。おふくろはいろいろ大変だったと思います。それなりの覚悟もしていたと思います。

——この時、皇太子さま（現在の上皇）とは何かお話をされたりしませんでしたか。

もちろんその場にはおられましたからごあいさつくらいはしたと思いますが、こちらもそんな余裕はなかった。

むしろ皇籍離脱をした後で、二人で過ごす機会があったんです。桜が綺麗だった記憶がありますから、昭和二十三年、高等科に上がった頃だと思いますが、二人で泊まりがけで乗馬をしに行ったんです。今の成田空港がある所は、三里塚と言って、当時は宮内庁の牧場（下総御料牧場。昭和四十四年、栃木県に移転）でした。その牧場にわれわれ皇族が寝泊まりする別荘というかコテージみたいなものがあったのです。そこへ皇太子さまと二人で行って、泊まって、馬で走り回って、一緒にお風呂に入って、一緒に寝て……。たぶん今の上皇さまが初めて一緒に風呂に入ったのは——お付きの者を別にすれば——僕なんです。

（笑）

僕ら男の子は生まれたら親やきょうだいと引き離されて育てられますからね。親やきょうだいと風呂に入ったこともなければ、一緒に寝たこともないのです。引き離されて、さびしさに耐える、そういう教育なのです。上皇さまが天皇陛下になられてしばらくして、ある人に「いちばんやりたかったことは何ですか」と聞かれて、「うーむ。死ぬまでに一回弟と一緒に寝たかったね」とおっしゃったくらいです。われわれは、いざという時に誰にも頼らずに一人で決断できるように育てられていますので、一般の方から見ると、冷たいなと思われる時があると思います。一人でやっているのだから、一人にしておいてくれ、というような一面がある。上皇陛下はとてもあたたかい方ですけれど、たぶん一般の方からすればクールに見える一面もあると思うのです。たぶんそれは育てられ方から来ているものなんです。

話を戻します。馬に乗りに行った時、皇太子さまと何を話しましたかね。でも、これからどうしましょうか、どうやって生きていきましょうか、なんて難しい話はしなかったと思います。僕らの十五、十六歳は、まだ鳥かごから出たばかりの年齢で、分別がついていたかどうかわかりません。たぶん学校の話とか、牧場の動物の話とか、そんな何気ない話をしていたんじゃないでしょうか。

生活の変化

——皇籍離脱後の暮らしについて、うかがいます。小田部雄次氏の『皇族』によりますと、伏見家には一時金として約四六四万円が支払われたと。使用人は五人で、月六万から七万がかかったともあります。紀尾井町にあった本邸約二万一〇〇〇坪は、その半分を財団法人住宅研究会に売却されています。

こんなことを言ってはいけないかもしれませんが、払ったこともない莫大な税金を払わなきゃならないし、使用人の給料も払わなきゃならない。一時金なんて一方的に決められたけれど、そのくらいの金額ではあっという間になくなってしまいます。だから、元皇族の家は、いわゆる〝売り食い〟で暮らしてきたことになります。それでもうちは土地という資産がありましたから、八五パーセントなんていう税金をかけられても何とかなったほうかもしれません。うちの土地はニューオータニになりましたし、竹田宮《たけだのみや》は高輪《たかなわ》プリンスホテル（現グランドプリンスホテル高輪）。でも、宮内省の土地をただで借りて住んでいた宮さまもいたわけです。たとえば賀陽さんのところなんかは本当に生活に困っていました。他にも、それこそ慣れない商売を始めて財産をなくしてしまった家もありますし、悪い人に騙された家もありますからね。

うちを実際に切り盛りしていたのは、中根（直之助）という事務官とか鳴子（雄吉）といった宮内省から派遣されていた人でしょう。彼らには戦前から長く務めてもらっていました。中根は終戦後二年ぐらいでやめたと思いますが、鳴子は僕が留学から帰ってきてからもいて、昭和三十年から三十五年ぐらいまではやってくれていたと思います。他に、鳥《と》巣《す》（玉樹《たまき》）という別当もいました。

事務官たちの苦労もあったと思います。まあ、でも、事務官だなんだと言ったって、他人ですからね。今考えれば、結構いい思いもしていたはずだと思うのです。悪い意味じゃなくて、旧皇族の家に務めていることで得られる信用というものがあったでしょう。

――小田部氏の本には、元海軍中将の中村俊久、元宮内省の岩波武信、元陸軍大佐の吉橋戒三といった方々が伏見家の財政顧問としてサポートしたとあります。この方々についてのご記憶はありますか。

その方たちについてはよく覚えていません。すぐにいなくなったんじゃないでしょうか。

――身の回りのことの一つかと思いますが、旧皇族の方々は一般と同じ戸籍を作ることになりました。賀陽宮恒憲王などはご自身で区役所に赴いて住民手続きをされたというエピソードがあるようです。

いや、僕は自分で区役所に行ってはいませんね。使用人が書類を持ってきて、それにサインをしたのかはんこを押したのか。そもそも僕はまだ未成年でしたしね。

身の回りのことで言えば、おふくろはずいぶんいろいろ苦労してやっていたと思います。僕が未成年でしたから、中根や鳴子といった連中も、僕じゃなくておふくろに実際の判断をあおいでいたでしょう。それに僕は十八歳から二十二歳まではアメリカに留学して、一度も日本に帰らなかったのですから、そのあいだにもいろいろなことが起きたと思います。

――梨本宮伊都子《いつこ》妃の日記などでは、皇族でなくなったことへの嘆きの記述が目立ちます。この点、お母さまはどんな感じだったのでしょうか。

今言われた梨本宮の伊都子さん、われわれは伊都君《いとぎみ》さまとお呼びするのでそう言いますけれど――伊都君さまとか北白川の祥君《さちぎみ》（祥子妃）さまとか、そうお呼びするのです――ずっと皇族として生活してこられておばあちゃんになった方は、急に生活が変わって大変だったと思います。おふくろも一条公爵家に生まれて、一般というよりは皇室に近いような教育を受けてきたと思いますが、そこまではなかったでしょう。皇族じゃなくなって、どうしたらいいかわからなかったでしょうけれど、まあ、自然に慣れていくしかない、という感じだったのではないでしょうか。

ただ、皇室関係ですと、どうしても女性じゃなくて、若くても当主が出なきゃいけないものがあります。宮中祭祀などの行事のなかには、当主しか務めることができないものがあるわけです。そういったものは、僕がアメリカ留学から帰ってからになりますが、必ず僕が出ていました。

——そういう意味では、皇籍離脱をされて、形式的には皇族ではなくなっても、今でも皇室の行事には必ず出席されているのですね。

今のご質問はいいポイントをついています（笑）。そうなのです。だから、いっときはずいぶん中途半端な立場になってしまったなと思っていました。臣籍降下をしても、そういう行事には相変わらず出席しなければならなくて、でも、国からの補助は出ないのです。それなりのお金がかかるのです。

3　終戦後の学習院

敗戦は「皇室を扶翼すべき華族の子弟の教育を目的とする」学習院のあり方にも変革を迫った（『学習院百年史三』）。一般市民の教育機関として宮内庁から離れ、私立大学として独立する方針を決定し、その他GHQに対する山梨勝之進院長の尽力が功を奏し、昭和二十一年には存続の見通しが立った。しかし、同年十月、山梨は公職追放となって、院長を退任、旧制第一高等学校校長などを務めた哲学者の安倍能成《あべよししげ》が新院長となった。昭和二十二年四月、学習院と女子学習院が合併し、学習院は再出発する。

安倍能成校長

――戦後の学習院は、何と言っても一般にも門戸が開かれたことがいちばん大きい変化です。戦前にあった皇族や華族の推薦や入念な身元調査がなくなり、定員が満たない場合は一般からの編入者が入ることになりました。実際にその変化をどう感じられましたか。

初等科の頃は中途からの編入生は少なかったのですが、中等科になってからはクラスの三分の一くらいが編入生で、僕は結構彼らと仲がよかったんですよ。僕らはやっぱりある程度同じ環境で育っているじゃないですか。だから話題もいつもだいたい決まってしまう。新しく入ってきた人たちによって、学校はずいぶん面白くなりましたよ。戦後はそこにもっと幅が出ました。

一方で、一般の方々が多くなってくると、学習院の古き良き伝統がなくなっていく面もありました。

――古い伝統とは、なかなか口に出せないような文化的な雰囲気というものでしょうか。

特に僕らは皇室を守るという意識でいろいろなことをやってきたわけです。新しく入ってきた人も、学習院に入るわけですから、多少はそういう考えがあったかもしれませんけれど、幼稚園から上がってきた僕らとは全然違っています。

――確かに、戦前の学習院でのご生活は、ちょうど戦争中でもあったので、学習院のお子さまたちは、伏見さまと一緒に陸軍病院などへの慰問に行かれていたというのを考えますと、ノーブレス・オブリージュというようなところが一貫してあるようにみえます。

そうですね。今の宮さま方、たとえば秋篠宮のお嬢さん方も公務が多いじゃないですか。たとえば赤十字に行く、養護施設に見舞いに行く、被災された方のお見舞いに行くというように。それは僕らと変わりませんが、戦前と戦後の学習院の雰囲気が違うということもあって、今のそういう宮家のお嬢さん方が一般の方と同じような考え方でいたいのに、それを貫くことも難しい。大変だと思うんですよ。でも、それは時の流れで、仕方ないですよね。

また、院長が山梨さんから安倍さんに代わったことも大きかったです。変化を肌で感じました。僕の姉は、安倍さんが「学習院も試験さえ受かれば誰でも入れる学校になりました。みなさんも平民になったのだから、これまでのような生活ではいけませんよ」と言ったというのを不満そうに話していました。安倍さんには学習院をとにかく民主的に改革する、そのために自分は来たんだという意識がありました。僕がアメリカに留学してから、学習院にも赤旗が立って、デモまで行われるようになった、学習院も変わってしまった、と嘆く声をずいぶん聞きました。

僕なんかはむしろいろんな人に会えるし、何でもできるから楽しかったですし、結構いいなと思っていました。初めて山手線に乗れるっていうのも嬉しくてね。喜んだのはいいのだけれど切符の買い方がわからなくて、同級生に買ってもらいました。もちろんお金はちゃんと払いましたよ。（笑）

でも、旧皇族の中には前のほうがよかったね、という人もいました。だけど、それは何をするにも人によって考え方は違うわけですし、何がよくて何が悪いかというのも、これはまた難しい話です。

僕は高等科を出たら学習院の大学へは行かずにアメリカに行くと決めていました。だからそのへんのことがよくわかっていないかもしれませんが、院長が安倍さんになっていちばん変わったのは、僕が行かなかった大学みたいですね。幼稚園から上がっていった連中からしたら、大学はこれが学習院なのか、という話もありました。

――昭和二十二年に学制が旧制から新制に変わります。翌二十三年に新制高等科が創設された時に、旧制中学四年修了者は高等科二年に編入ということになりました。やはりA組だったのでしょうか。

僕はA組です。賀陽さんと李玖さんはB組でしょう。

英語を夢中で勉強する

――旧制から新制に変わって、印象に残っていることはありますか。

変わったのはわかっていましたけれど、どうでしょう、あまり印象に残っていることはありません。変わって、じゃあそれが何なのか、というのがわからなかったのです。

先ほども言いましたように、僕は高等科が終わったらアメリカに留学すると決めていたので、とにかく英語を真面目に勉強していました。高等科でも、英語だけはクラスで常に一位か二位でした。この時、成績を争ったのが、外務省へ行った波多野です。

英語の岡本通先生とは親しくなりました。でも、学校の授業だけじゃ物足りなくて、ミセス・ゴーラムさん――アメリカにフォードという自動車の会社がありますね、そこが日本に会社を作って、その社長夫人でした――のところに英語を習いに通いました。恵比寿の近くの一軒家でした。彼女も熱心に教えてくれて、いつでもいいと言うので、毎日のように学校帰りに行きました。一時間くらい英語オンリーでしゃべるのです。日本の学校は文法ばかり教えるじゃないですか。もちろん文法は大事なんだけれど、やっぱり会話がわからないと留学はできません。

ゴーラムさんの他にも、学習院にはイギリス人の英語の先生がいて、その人の家にも行って、美味しいコーヒーをご馳走になりながら英語を勉強しました。ブライス先生と言いました。

——ブライスさんは、昭和二十一年一月の昭和天皇の人間宣言の起草に関係したことで有名なレジナルド・H・ブライスさんですね。ブライスさんは、上皇さまの英語の家庭教師を昭和二十一年から約二十年にわたってなさっていました。

ええ。ブライス先生は娘さんが生まれたばかりで、僕も赤ちゃんのおむつを替えたりしたんです。それからずっと後になりますが、僕がモービル石油で働いている時、アルバイトの女の子が来たというので会ったんです。ブライスという名前だったから、もしかしてお父さんは学習院の先生じゃないですかって聞いたら、そうです、と言う。お互い驚き合って、いやあ、僕はあなたのおむつを替えたんだよと言いましたら、女の子が「やめてください」ってね（笑）。こんな偶然があるのかと思いましたよ。

――昭和二十四年、新制高校三年生の時に、皇太子の明仁親王が高等科に入学します。皇太子がいた時の学習院の中等科は小金井で、皇太子の高等科入学をもって、小金井校舎は閉められます。この頃は皇太子とのご交流はあまりなかったのでしょうか。

なかったですね。皇太子さまがなんで小金井に行かれたのかわからないけれど。

――山梨院長が、占領軍の駐留する東京で皇太子を教育するのは適当ではないと判断したということです（『学習院百年史二』）。

そういうことだったのですね。

――高等科の時は馬術で国体（国民体育大会）に出ておられますね。

ええ。二回出ました。二度目は障害飛越で四位になったんですよ。全日本で四位ですから、自分でも結構やったなと思ったんだけど、商品が貰えるのは三位まででした（笑）。でも、気分的には満足でした。

4　アメリカ留学

昭和二十五（一九五〇）年三月、学習院高等科を卒業した伏見博明は、学習院大学には進まず、米ケンタッキー州のセンター・カレッジへ留学した。八月四日、同じ大学へ留学を決めた李玖とともに、横浜港を出発。ハワイ経由でサンフランシスコへ向かった。

なぜアメリカを選んだのか

――アメリカへの留学を選択されたのはどのような理由からだったのでしょうか。

僕は外交官になりたかったのです。敗戦を経験して、日本と諸外国との橋渡しになりたいと思うようになっていました。高等科に入った頃から外務省の方々と付き合いができて、なかにはいろいろ助言してくれる方もありました。外交官になるのだったら、英語ができなくちゃいけないし、外国の大学に行っておいたほうがいい、と。それでアメリカへ行くことにしたのです。

最終的には昭和天皇にご相談して、アメリカへ行ってもいいでしょうか、とうかがいました。昭和天皇は、それはいいけれども、なぜイギリスじゃないの、と言われるから、イギリスには王室があって、王室関係の人は特別扱いになってしまう、そういうもののないアメリカに行きたい、と言ったら、陛下がなぜかお喜びになって、「そうかい、それはいいね」とおっしゃった。それで僕も安心してアメリカへ行くことができたのです。

日本に勝ったアメリカという国を見てみたいという気持ちもありました。戦争に負けた国の人間が勝った国へ――、自分でもよく行ったと思います。戦争中のアメリカと日本の差は、戦利品からもわかっていたはずなのに、日本がアメリカに勝てるとか、アメリカ本土に攻め込むとか、あの頃思っていたことは何だったのか――。だから、どうしてもアメリカを見たくてアメリカ留学を選びました。

――アメリカのなかでも、ケンタッキー州のセンター・カレッジを選んだのはどのような経緯からでしょうか。

まず、日本人の留学生がいないアメリカの大学へ行きたかった。それが第一条件でした。自分でいろいろ探したのです。ある時、グッドウィル・インダストリーズ――障碍者やホームレスの人たちを支援している団体――の代表が日本に来ていて、その人がたまたまケンタッキーに会社も自宅もあって、ケンタッキーなら日本人はいないよ、という話をしてくれました。その後、GHQのトーマス・フィッシャーさんと話していたら、フィッシャーさんもケンタッキーの出身で、ケンタッキーはいいところだよ、という話になったのです。フィッシャーさんが、「ケンタッキーに来たら、学校が休みの時はうちに泊まりなさ

い」なんておっしゃるから、甘い言葉につられて決めてしまったようなところもあるんですけれども。（笑）

アメリカに行ってみると、アメリカ人が「なぜケンタッキーなのか」と聞くから、「日本人のいない学校で勉強したかった」って答えたら、「それはそうだね。ケンタッキーにはアメリカ人も行かないよ」「ケンタッキーの上を飛行機で通ったりすることはあるけれど、ケンタッキーに行く人は少ないよ」って（笑）。実際、すごい田舎でしたね。

――トーマス・フィッシャーさんとはどういう経緯でお知り合いになったのでしょうか。

おそらく三島通陽《みちはる》さんという子爵の方の紹介だったと思います。三島さんがボーイスカウト日本連盟の理事長をされていて、フィッシャーさんもアメリカのボーイスカウト連盟で何かの役職をされていたのです。

――お母さまの朝子さまが、戦後にボーイスカウトの会合に出席されたという記録がありますね。

それは三島通陽さんと親しかったからだと思います。

――ボーイスカウトとの関連でいうと、村山有《たもつ》さんともご交流がありませんでしたか。

村山さんね。『ジャパン・タイムズ』の記者だった方で、ボーイスカウト連盟の理事をされていました。英語がえらく達者でしたね。

――少しさかのぼりますが、昭和二十五年五月二十四日付朝刊の『読売新聞』に「元プリンス渡米　小遣いは皿洗いで　仲よしの伏見、李両君が留学」という記事が出ています。「幼稚園からずつと一緒だという両君は」「大の仲好しだつたが終戦とともに厳粛な運命に見舞われるに及び、二人の友情と理解は一層強くなつた、若い二人の間にはいつしか〝米国に留学しよう、そして手を取り合つて母国のために働こう〟という相談がまとまつた、それを知つた総司令部法務官のフィッシャー氏が、昨年のクリスマスごろからあつせんに乗出した」。そして、伏見さまのお言葉として、「政治科で外交をみつちり勉強したい」「これからの日本の外交は非常にむずかしいと思うのでやりがいがあります」とあります。まず、李玖さまとご一緒というのは、どういう経緯だったのでしょうか。

李玖さんも日本を離れてアメリカへ留学したいという気持ちがおありのようでしたので、今、フィッシャーさんとこんな話をしていると言ったら、李玖さんが僕も行きたい、と話に乗ってきたのです。ただ、僕の発言として、「外交をしっかり勉強したい」などと言ったのは本当ですが、見出しの「小遣いは皿洗いで」というのは記者が勝手に書いたんじゃないかな（笑）。僕が皿を洗ったらみんな割れてしまいますよ。

――いよいよ八月四日にご出発となります。『昭和天皇実録十一』には天皇、皇后がその前の七月二十六日に伏見さま、李玖さまとそれぞれのお母さまの朝子さま、李方子《まさこ》さまを葉山御用邸にお招きになり、みなさまでご夕食を共にして、菊のカフスボタンと万那料《まなりょう》（ご祝儀）を下賜されたとあります。

今でも、そのカフスボタンは大事にしています。ここにありますから（身に着けていたカフスボタンを一同に回す）。

――最近、初代宮内庁長官の田島道治が昭和天皇に拝謁した際の問答を詳細に記した「拝謁記」が『昭和天皇拝謁記』として刊行され始めました。その第一巻（岩波書店、二〇二一年）によりますと、昭和二十五年七月二十四日に、昭和天皇と田島とのあいだで、「李王、伏見御招きの由に付き、Fisher は Rivisto と関係あり、Mason による洋行費のことを申上ぐ。Mason とは何だとの仰せあり。又伏見さんも御金がいるネーとの仰せにて、四年に二百万位のこと申上ぐ」という会話があったとされています（一八五頁）。「Mason」とはフリーメイソンのことだと思うのですが、どういうご関係だったのでしょうか。

フィッシャーさんはいろいろと留学の準備を手伝ってくれました。まだフルブライト奨学金もない時代ですから、留学すること自体が難しかったなかで、ケンタッキーのセンター・カレッジの入学許可書をもらってきてくれたわけです。留学費用の一部がフリーメイソンから出ているとか、そんな話は聞いていました。

留学に行く前には、フリーメイソンがどんな団体かということは全く知りませんでした。フィッシャーさんがお世話してくれた程度に思っていました。留学が終わって帰ってきたら、フリーメイソンにちょっと顔を出してくださいと言われて、あれは入会を誘われたんでしょうね。一度だけ会合に出て、お礼を言ったことがあります。それ以降は何の関係もありません。

――話を戻して、アメリカへはどのような経路でしたか。

八月に横浜から船に乗って（アメリカン・プレジデント・ラインズの定期船ジェネラル・ゴードン号）ハワイ経由でアメリカへ向かいました。飛行機もその頃はプロペラ機でしたけど、一応行く方法としてはありました。でも、船で行ったほうが、英語をしゃべりながら行けるから英語に慣れるだろうと思って、船酔いすることも忘れて船に乗っちゃった（笑）。案の定、最初の三日間は食事もできなくて、英語をしゃべるどころじゃない。でも、四日目ぐらいで、ひょっと治ったんです。

アメリカへ向かう船上で　写真裏には「見渡す限り海ばかり　皆様の事を考へながら甲板で日光浴中です　明坊」と

The Honolulu Advertiser

HOME EDITION

GIs JOIN FIGHT TO SAVE POHANG

Pearl Harbor Shipyard On 6-Day Week

1,215 Maui 'Protesters' Suspended

Guerrilla-Reinforced Reds Storm Suburbs of Vital City

Navy Air Patrol Unit 'Home' From Front

Fred Low Quits Democratic Job On Big Island

Kageyama Asks Why His Pay Held Up

Senators Begin Work On Wage Tax Boost

Corporation Levy Hike Approved

House Votes Civil Controls

Truman Scores Russ Filibustering in UN

Mormons Hold Centennial Events on Maui

DODGE HAS IT

The World at a Glance

Nationalists Lack Arms, Says Publicist

Chamber Indorses New Street Signs

The Honolulu Advertiser
（1950年８月11日）　左上に伏見・李両氏の歓迎記事が載る

ハワイに着いたら、ハワイの日系人たちが「日本のプリンスが留学に行く途中に寄った」というので、もう大歓迎でね。ハワイに住んでいる娘が、その時の新聞記事（『The Honolulu Advertiser』一九五〇年八月十一日付）のコピーを、ハワイ大学の図書館で見つけて送ってくれました。写真が載っているでしょう。ハワイはまだ、ワイキキもロイヤル・ハワイアン・ホテルとモアナ・ホテルしかなかったんです。あの頃にあのへんの土地を買っておけばよかったですよ。（笑）

――アメリカに到着されて、最初の印象はいかがでしたか。

今でも忘れないのは、船がサンフランシスコに近づいて、「明日の朝はサンフランシスコにつきますよ」というアナウンスがあって、朝起きて船室から窓の向こうを見たら、ゴールデンゲート・ブリッジの真下だった、その光景です。いや、すごい。素晴らしいと感動しました。

だけど、船を下りたら、どこへ行ったらいいかわからなくて、荷物を持って呆然としているしかなかったんです。そうしたら知らないアメリカ人が、わざわざ僕に道を聞いてきたりするんです。絶対からかっているに決まっているじゃないですか。（笑）

――李玖さまとはケンタッキーまでご一緒ではなかったのですか。

李玖さんはたしかサンフランシスコに知っている人がいて、そこで何泊かしたんじゃないかと思います。

僕と李玖さんは、さっきの新聞では「大の仲好し」となってしましたが、仲よしというのとは違っていました。だいたい性格が違いすぎる（笑）。こういう言い方をしていいのかわかりませんが、李玖さんは真面目で少し暗い方なんです。それはそうですよね。親が朝鮮から日本に連れてこられて、特に戦後は朝鮮人なのに朝鮮に帰れない、かといって、日本にいれば朝鮮の王族ですからね。戦後は居場所がなくなってしまった感じで、お気の毒な立場でした。彼は後にマサチューセッツ工科大学で建築を学んで、アメリカの設計事務所に入って、その後、朴正熙《パクチョンヒ》政権で韓国に戻って、日本と韓国を行ったり来たりしていました。ある時期までは学習院の同窓会などで時々会いましたが、もう十五年ばかり前に、元々李王家があった赤坂プリンスホテルで亡くなってね。葬式も韓国だったんじゃないかな、僕は行っていません。

誰も日本を知らなかった

――ケンタッキーに到着されてから、大学生活は順調に始まりましたか。

学校のほうでは気を遣ってくれて、李玖さんと僕を寮の同じ部屋にしてくれていました。でも、それはやめてくれと言ったんです。僕はせっかく日本人がいない場所と思ってケンタッキーに来たのに、李玖さんと一緒じゃ日本語をしゃべってしまうじゃないかと。それで別々の部屋にしてもらいました。

でも、本当にケンタッキーには日本人がいませんでした。びっくりするほど田舎で、そもそもサンフランシスコからケンタッキーまで、グレイハウンド・バスを四回も乗り換えなきゃいけなかったんですよ。寮を出ると、「Are You Chinese?」と聞かれるくらいで、日本のことなんか誰も全然知らないんです。知っていても、「あなたはなんでちょんまげを結っていないんだ」「刀は持ってこなかったのか」と聞いてくる。いったい何の話をしているのかと思って、学校の図書館に行って、『JAPAN』という本を見てみたら、ちょんまげに下駄を履いて刀を差した挿絵が載っている。これはいかんなと思いましてね。それですぐにおふくろに電話をして――当時は電話をかけても通じるまでにだいたい三十分はかかるんですよ。電話局に申し込んでから、電話の前でずっと待っていなきゃならないんです――、日本を紹介している英語の本を何冊か送ってもらって、学校に寄贈しました。

そうするうちに、学校のクラスメイトたちが、日本のことをよく知るチャンスだ、日本のことを教えてくれって、寮の僕の部屋にどんどん入ってくるようになりました。もちろん日本のことをよく理解してほしいと思っていたんですが、僕なんか予習しないと授業が全然わかりませんし、言葉のハンディもありますから、毎日夜二時頃まで勉強していたの

ワシントンの議事堂を背に（博明氏がアメリカから母に宛てて送った写真から）

で、ちょっと困ったなと（笑）。そんなこともありました。

——留学中は身の回りのことはどのようにされていたのですか。

アメリカに行って、四年のあいだ、一回も日本に帰らず、お付きの人もいませんでしたから、生活のことも全部自分でやりました。それは今、結構役に立っているなと思っています。留学前は洗濯ひとつやったことがありませんでしたからね。

食事は土日以外は寮の食事でした。日本の皇族は戦争中でも洋食が多かったんですよ。それにバターがない、チーズがない、ハムがないという時代でも、僕らのところには、まあ、ありましたからね。うちは海軍だったせいもあるでしょうけれど。だから、向こうへ行っても、日本食を食べていないから体調が崩れるなんてことは全然ありませんでした。

土日は寮で食事が出ないので、同級生や上級生がみんな、「うちへ来いよ」と言ってくれて、いろんな家に行きました。行った家々でフライドチキンをよく食べました。本当にケンタッキーフライドチキンでね。美味しかったですよ。あんまり美味しかったから、日本に帰ってから、三菱商事のある人にそんな話をしたんです。そうしたら、「検討しましょう」と言って、やがて三菱商事が認めてくれて、大阪の万博の時（昭和四十五年）にケンタッキーフライドチキンが日本に入ってくることになったんですよ。

——あのケンタッキーフライドチキンが出てくるとは驚きました。ところで、アメリカのご友人たちとは、ご帰国後も交流がありますか。

日本に行くからって手紙をもらって、実際に何人も来ました。住所を知らないで、「プリンス・ヒロアキ・フシミ、チヨダク、ジャパン」、それだけで届いた手紙もありました(笑)。このあいだも、向こうから「元気か」っていう手紙が来て、「どうしているか」と返事を書いたら、「老人ホームに入ったよ」なんていう返事が来ましたよ。

――ハワイでは日系の方々から歓迎されたということですが、アメリカ本土、そしてケンタッキーに到着されてから、敗戦国の国民であることを実感されたり、嫌な仕打ちを受けたりするようなことはありませんでしたか。

僕もそういうことがあるんじゃないかと思わないではなかったのですが、意外とありませんでした。ケンタッキーがアメリカの田舎だったせいかもしれませんけど。日本人に対する差別がまったくなかったわけではないでしょうし、差別している人はいっぱいいたと思いますが、僕がいた時は気になるほどではありませんでした。

それでも、黒人差別ははっきりと感じました。映画を見に行ったりすると、入り口がblackとwhiteの二つになっていて、僕はどっちから入ればいいのだろうと迷ったりしていると ね。係員が来て、「来い、おまえはwhiteだ」って言うんですよ。バスに乗ったら満席だったから、僕が立っていようと思ったら、ドライバーがバックミラーを見ていて、黒人に向かって「Stand up!」って言うんです。そうしたら、その黒人がおとなしくさっと立つ。へえーっと思って見ていたら、今度は運転手が僕に向かって、「You must sit down」って。僕が結構だって言っても、「No, no, you must」って座らせようとするんです。留学していた大学にも黒人は一人もいませんでしたしね。教会も同じで、白人オンリーでした。

皇太子とニューヨークで

――留学中は夏休みなどはどのように過ごされていましたか。

向こうは夏休みが長いじゃないですか。それに当時は一回につき五〇〇ドルまでしか持ち出せません。それでアルバイトをやろうと思って、皿洗いじゃありません（笑）。ちょうど知り合いがいたので、国務省で通訳のアルバイトをさせてもらいました。

通訳というのは、要するにアメリカに研修に来た日本の政府関係の人たちが相手なんです。ある時、工場見学をする日本人が来るからというので行って「伏見です」と自己紹介したら、その人がびっくりして「宮さまじゃないですか」って言う。僕は「みたいですよ」なんて答えていたんですけれども。（笑）

学習院で同級だった波多野君が、外務省に入って、僕が留学している時に、ちょうどワ

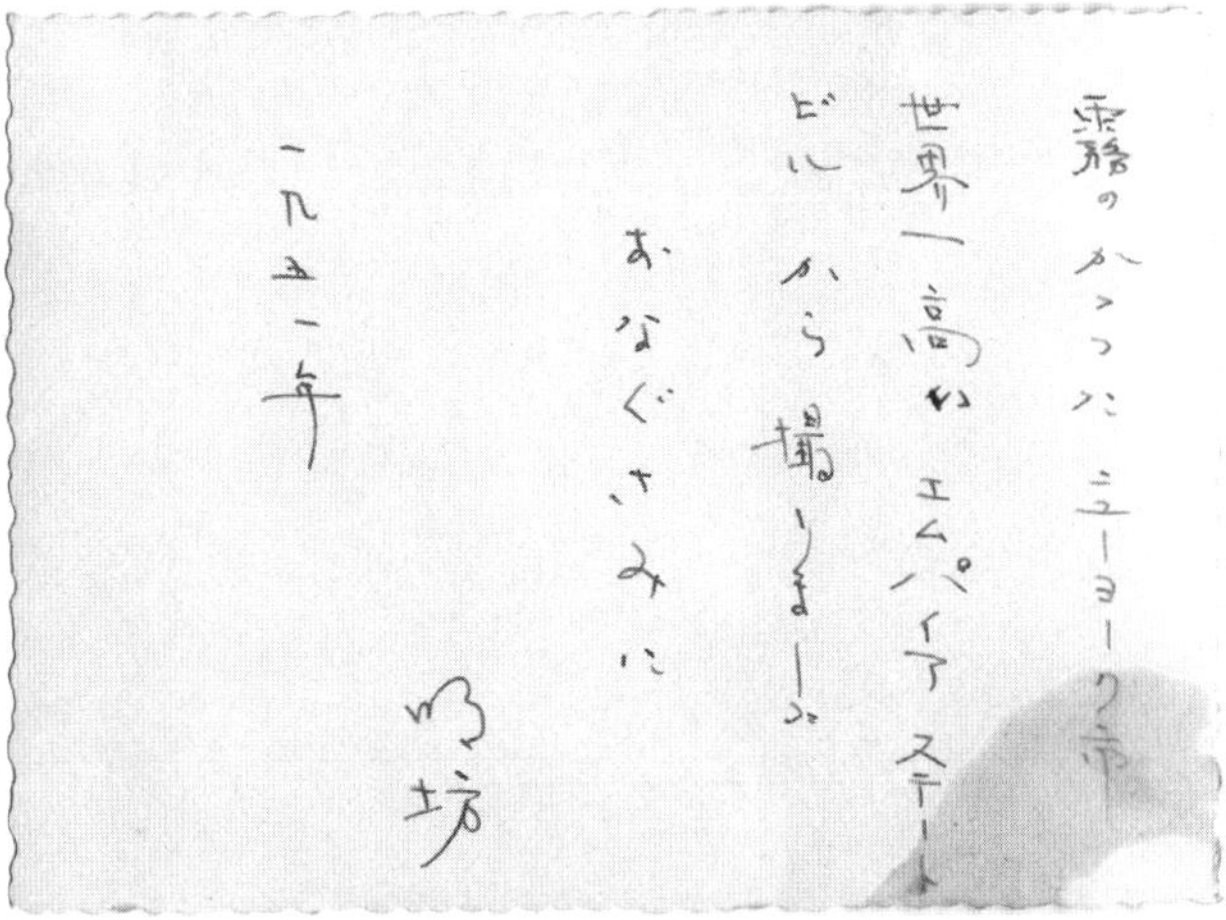

ニューヨーク、エンパイア・ステートビルから撮った写真　裏面にメッセージが書かれている（博明氏がアメリカから母に宛てて送った写真から）

シントンの日本大使館にいたんです。それで、夏休みにケンタッキーからワシントンまで一人で二十三時間運転して大使館まで迎えに行って、二人でナイアガラの滝を見に行ったりもしました。

——アメリカで車を運転されていたのですね。日本でもご留学前に車を運転されていたのですか。

日本では当時、十六歳で運転免許が取れたんです。僕は車を運転したかったので、十四歳ぐらいから皇居のなかで練習していて——広いですからね——、運転できるようになっていたのです。十五歳になった時にはもう我慢ができなくなって、麴町警察に連絡させて免許を取りたいと言ったんです。そうしたら麴町警察の署長が飛んで来て、皇居のなかで僕の隣に乗って運転させてから、「どうぞ、明日免許証を差し上げます」って（笑）。実は、皇居内を自由に車で入ることができる宮内庁発行の特定通行証を持っているんです。これは社外秘なんですけど（笑）、僕の通行証はここにあるように番号が一番なんです。

皇太子さま（現在の上皇）がアメリカにおいでになった時も、ケンタッキーからワシントンまでは車で行ったんですよ。車で二十三時間ですから。（笑）

——それは、昭和二十八（一九五三）年に皇太子さまが昭和天皇の名代として、エリザベス二世の戴冠式出席を目的に欧米一四ヵ国を歴訪された時ですね。

ニューヨークに到着した皇太子（昭和28年９月８日、現上皇）（毎日新聞社提供）

そうそう。皇太子さまはイギリスからの帰りだったと思います。初めてアメリカへ来られるというので、アメリカに行ったら僕に会いたいとおっしゃっていますよ、と聞いたものだからね。ワシントンまで車で行ってから、飛行機でニューヨークへ行って、そこで皇太子さまをお迎えしたのです。僕はニューヨークには毎年冬休みに遊びに行っていました。明日はワシントンだっておっしゃるから、僕もご一緒したいです、と言ったら、じゃあ、特別機だから一緒に行きましょう、ってね。それで皇太子さまと飛行機に乗り込んだら、大騒ぎになっちゃった（笑）。FBIが一人多く乗っている、誰だ、誰だってね。大騒ぎなんだけど、こっちは何を騒いでいるのだろうと不思議に思いながら見ていました。（笑）

――アメリカで皇太子にお会いになった時には、どんな話をされましたか。

皇太子さまは公務でスケジュールがいっぱいに詰まっていて、お忙しくされていました。だから、せっかく会いに行ったのに、皇太子さまのご公務のあいだはこっちは何もすることがないから、ずっと待っていましたよ。結局、飛行機のなかでいろいろお話しできたくらいでした。皇太子さまはイギリスへ行ったご旅行の話をされていたと記憶しています。僕は僕で、アメリカに来てからの体験談をしました。楽しい貴重なフライトでした。

第四章　帰国後の生活――一般人として生きる

1　会社員になる

2　菊栄親睦会

3　昭和天皇との交流

4　昭和天皇の崩御

5　伏見家の祭祀や墓について

6　皇族から民間人へと歩んだ人生

1　会社員になる

昭和二十九（一九五四）年八月、伏見博明は四年間のアメリカ留学を終えて帰国した。『昭和天皇実録十一』には、同月二十七日に博明が母と一緒に参内し、天皇、皇后と義宮（常陸宮）に帰朝の報告をしたと記載がある。

――アメリカ留学から戻られた時、昭和天皇からは何か印象深いお言葉などありましたでしょうか。

「無事に帰ってきてよかったね。勉強になりましたか」と言われました。そう聞かれたら、「勉強になりました」って言わざるを得ませんよね。（笑）

――四年ぶりに日本に戻られた印象はいかがでしたか。

戦争が終わってから十年近くが経って、全体にだいぶ良くなってきた時期でしたから、変わったなあと思いました。それでもね、この時、せめて親孝行を、と思って、アメリカでテレビを買ってきたんですよ。そうしたら、うちの親戚でもまだテレビを持っている家がなかったものですから、全盛期の力道山《りきどうざん》を見に、みんながうちへ来てね。テレビ一台で、親戚がこんなに集まるものかって驚きました。

——帰国された時に、その後の進路についてはもう決まっていたのですか。

前にお話ししたように、本当は外交官になろうと思って留学したのですが、そのためには日本で外交官試験を受けなきゃいけない。まわりに東京大学に入らなきゃ外交官試験に受からないですよ、と言われて、準備を始めたのですが、翌年の試験にはとても間に合いませんでした。

もう一年頑張って勉強してみようかどうしようかと迷っていた頃、うちに勤めていた鳴子という事務員の親戚が当時のスタンダード・バキューム・オイル・カンパニーの日本支社ナンバー2かナンバー3のポジションにいて、その人から「うちへ来ないか」と声をかけられました。それで、話ぐらいは聞いてみようかと、横浜にあるその会社に軽い気持ちで面接に行ったんです。

スタンダード・バキュームは今のエクソンモービルの親会社で、その後、独占禁止法でいくつかの会社に分かれ、そのうちエクソンとモービルが合併してエクソンモービルとなったのです。ロックフェラーの会社ですから、石油会社としては世界一クラスです。それで、アメリカ人の人事部長と三十分ぐらい話をしたら、「OK。明日からすぐ来てくれ」って（笑）。「ちょっと待ってください」って言ったんだけど、それで入社ということになったんです。まあ、あの頃のアメリカ人は威張っていて、言葉の問題もあったんでしょうけれど、はっきりと物を言う日本人があまりいなかった。こちらはだいぶアメリカナイズされていたので、好き勝手なことを言ったのが、かえって良かったみたいでした。

さて、会社は横浜にあります。横浜まで電車でどう行ったらいいかもわからないから、車でいいや、と思って、また運悪く、派手なシボレーだったんだけれど、会社まで運転して行って、駐車場に入れたら、誰だ誰だってことになってしまった（笑）。「あれが伏見だよ」「へえ、入社したばっかりなのに」なんて声が聞こえてきたものだから、これはまずいな、と思って、次の日からは電車で通うようにしました。あの頃は車も少なかったから、うちから横浜まで三十分ぐらいだったですかね。暴走族並みのスピードかもしれないけれど。（笑）

僕は石油のことを何も知らないで入社したので、最初は「油の勉強をしてこい」ということで、横浜の鶴見にあった試験室に行かされました。そこに一年ぐらいいました。その後、今度はアメリカ人の社長付きになって、それから営業に行ったんです。

営業は大きく分けて、いわゆる燃料と工場用潤滑油の営業がありますが、僕は工場関係の油を担当していました。二十四歳で入って退職するまでの三十年以上、途中、広報部長をやったこともありましたが、だいたいは営業をやっていました。最後は監査役でね。本来なら、営業であるところまで行くと、支店長になって北海道や大阪に行くんだけれど、そこは配慮してもらって東京を離れることはありませんでした。

――営業のお仕事というのは、具体的にはどんなものだったのですか。

英語でいう、シビル・ナショナル・アカウント。国内の営業で、大きいのは新日鐵(現日本製鉄)とかトヨタとか自衛隊といった大口の企業や組織、あとは東洋鋼鈑とか十條製紙(現日本製紙)とかね。そういったところを相手にした法人営業です。

僕は営業と言っても、言い方が適切かどうかわかりませんが、コネを使って営業していたんですね。社長、副社長のクラスに知っている人がいたり、その知っている人に他の人を紹介してもらったり、という人脈を使っての仕事でした。普通の営業だと、直接は役員クラスに会えないでしょう。だから、僕が連れて行って、しかるべき部長や課長を紹介してもらう。そういう仕事でした。

――別格の社員だったのですね。

そんなつもりはなかったのですが、たしかに普通の営業ではない、特別な感じでやらせてもらっていました。当時はまだ、元海軍の人が役員をやっているような会社がありました。たとえば東洋鋼鈑の工場長が海軍でうちのおじいちゃんの部下だったとかね。油を売り込みに行ったら、「伏見宮さまですか」なんて言われて応接間に通されちゃったりするわけです（笑）。そしてすぐにオーダーをもらいましたから、有難かったですね。

日比谷の日生劇場ができる時（昭和三十八年）のことです。劇場は舞台が油圧で動くので、石油会社にとってそこで仕事がとれるかどうかは重要です。日生劇場は私が営業に行く前に、出光石油さんにほぼ決まっていたんです。でも、私は当時の日本生命の弘世現《ひろせげん》社長をよく知っていました。というのは、弘世さんは学習院の出身で昭和天皇とも親しくされていて、さらにお嬢さんの正子《ただこ》さんが従兄の久邇邦昭さんの奥さんなのです。そこで、弘世社長に「なんとかうちの油を使ってもらえませんか」と頼んだら、「わかりました」とおっしゃって、翌日にはオーダーを頂きました。まさに社長の一声で決まる。現場じゃずいぶんぶつぶつ言われたようですが。

こんなふうに、三十年ぐらい前までは、お得意さんのところへ行くと、役員の方々だと「えっ、宮さまですか」みたいな感じで、よくしてくださいました。「あなたのおじいさんに海軍でお世話になりました」などと言ってもらって、「この際、おたくに変えましょう」とね。本当に有難いことがたくさんありました。

――営業する側が接待するのが普通だと思いますが、逆に接待を受けてしまうのではないですか。

もちろん僕は接待するつもりで行くのです。でも、たしかになんだか急に相手側がご馳走してくださることが多かったですね。それはまずいからって一所懸命に言うんですけれど、どうしてもって接待されてしまう。

こんなこともありました。まだ営業に移って間もない頃に、部長と一緒にある会社に行きました。当時は東洋鋼鈑や十條製紙といった会社には工場の中に迎賓館みたいな施設がありました。その時も、「伏見さんはこちらにお泊まりください」って言われて迎賓館に案内されて、部長はビジネスホテルに泊まったのです。それはさすがにまずいなと思いましたけど。(笑)

――外資系の会社ですから、海外出張などもあったのではありませんか。

そうですね。多いときは年に三回ぐらいありました。アメリカの会社ですから、海外出張といえばアメリカでした。本社は当時はニューヨークにあって、その後、ワシントンDC郊外のヴァージニアに移って、エッソと一緒になってからはテキサスにありますね。ずいぶんアメリカのあちこちに行きましたが、向こうに出張すると土日は休みで、会議自体は三日ぐらいですから、その前後によくゴルフをしました。だから、ゴルフ付きで一週間から十日ぐらいの出張になるんです。（笑）

その頃はまだ、日本国内は土曜は会社があるのが普通でしたが、スタンダード・バキュームは入った時から土日が休み。夕方は五時になったらパッと帰る。残業なんかやっていると、あなたは昼間仕事をしていなかったんですか、っていう感じでした。

僕は時々ですが、皇族の葬儀とか、宮中祭祀に参列しなきゃとか、どうしてもそういう用事が入ってしまうことがあります。何々天皇の七〇〇年祭とか八〇〇年祭とかね。そんな案内がしょっちゅう来るわけです。会社は、そういうところにも気をつかってくれて、すぐに休暇を取りなさいと言ってくれる。一日じゃ終わらなくて、二日三日休むこともあるんだけれど、仕事さえちゃんとやっていれば、認めてくれる。

たまたま外資系の会社に入って、日本の会社に勤めたことがなかったものですから、会社っていうのはそういうものだと思ってきたのですが、そこは違っていて、やっぱりかなり自由な雰囲気だったんでしょうね。僕も自分の力だけで仕事をしてきたなんて思いませんけれど、入社して二年目、三年目には外に出て活躍するチャンスを与えてくれたのは外資系だったからなのでしょう。

外資系と言ったって、役員以外は全員日本人でしたが、年功序列ではなくて、能力主義的でした。僕もついつい日本人の部長を飛び越えて、アメリカ人の役員に「こういうことがありましたよ」「こんな仕事を取ってきました」なんて話をしてしまうものだから、部長は面白くなかったでしょうけどね。（笑）

――外資系の企業で活躍されたのは、皇族の出自と物怖じしない性格にアメリカで学ばれた経験がうまくマッチングしたということでしょうか。

物怖じしないというか、よく知らなかったものですからね。でも、仕事を取ってきて、それがすごく喜ばれたのですから、これでいいんだろうと思っていました。

――元皇族の方々のなかで、外資系に就職されたのは伏見さまだけだと思いますが、商社など国際的な場でお仕事をされた方はおられました。

そうですね。久邇さんは飯野運輸（現川崎汽船）に入って、ロンドン、チリ、デンマークへも転勤しています。竹田（恒正《つねただ》）君が三菱商事に入って、朝香（誠彦《ともひこ》）さんはCBS・ソニーレコード（現ソニー・ミュージックエンタテインメント）、東久邇（信彦《のぶひこ》）さんは三井銀行ですよね。みんな生活のためですから、税金を払うということは大変だと思ったものです。

――「営業の伏見さん」が元皇族だということは、社員の方々は知っていたのですか。

みんな知っていたと思います。みんな「伏見さん」って呼んでね。仕事が終わると、すぐにどこかに飲みに行って、話しながらさらに飲んでね。

アブラ屋は大体が景気のいい時代でしたから、時には代理店の方々と熱海の温泉に行ったり、有馬温泉に行ったりしてね。そんなことも楽しかったですよ。

——会社員時代のお話をうかがっていると、仕事での人間関係がとても濃かったようですが、土日など休みの日にはどんな方々と過ごしておられましたか。

やっぱり会社の連中じゃないでしょうか。今でも当時一緒に仕事をした連中と酒を飲んだり、ゴルフをしたりしています。学習院時代の友だちとも付き合い続けていました。学習院の同級生でいちばん親しいのは、外交官で国連大使をやって、学習院の院長にもなった波多野敬雄君ですね。彼とは幼稚園の頃からですから。

——政界や財界で友人になった方はおられますか。

政界は本当に少ないですね。戦後はわれわれ皇族や旧皇族は政治に関係してはいけないということになりましたから、まあ、そればかりじゃないのでしょうけれど、何となく政治家の方とはご縁がありませんでした。財界は営業先の社長さんとお酒を飲んだり、ゴルフをやったりしましたけれど。

——ところで、今のご趣味でもあるゴルフを本格的に始められたのもサラリー

ゴルフを楽しむ伏見宮博義王と朝子妃（昭和初年、伏見家のアルバムから）

マンになってからと伺いましたが、何かきっかけがあったのでしょうか。

そうですね。営業要員になった時に、ゴルフぐらいできなきゃ駄目だというので、それで始めたんです。でも、それで言うともう一つきっかけがありまして、僕がアメリカから帰ってきたら、母親と妹がすでにゴルフをしていたんです。おふくろが「今度、箱根の仙石のゴルフ場に行くから一緒に来ない？」って言うんで、ついていったら急に打たされた（笑）。ゴルフをする恰好すらしていなかったので、めちゃくちゃな話だったんですが、取り敢えず打って、それが最初です。「ゴルフなんて簡単だ」と思ったんですが、その後、母親が千葉カントリークラブのメンバーになっていたので連れていってもらったら、おふくろには負けるわ、妹には馬鹿にされるわでね。それで奮起したんです。（笑）

――戦後十年足らずのその頃に女性でゴルフをなさっていたとは、伏見家の女

エイジシュートを決めた時の伏見博明氏の雄姿

性たちはかなり進んでいたのではないでしょうか。

いや、おふくろなんて、昭和の初めからゴルフをしていて、写真も残っていますよ。おやじは下手くそだったらしいですけれどね。背が高くて痩せていて、それでちまちまとパットを打ったりするものだから、昭和天皇に「あれはキリンがゴルフをしているようだね」と言われたそうですから。（笑）

妹もずいぶんゴルフをやっていたようですが、最近はもうテニスばっかりらしいです。そろそろ八十七か八十八になると思いますがね。

——伏見家の方々はみなさんスポーツが得意ですね。

いえ、上手なのは誰もいません。僕はテニスはまったく駄目で、スキーも駄目。初等科の頃は弓道をやっていて、アメリカへ行く前は乗馬をやって、高等科の時には前にも言いましたように国体にも二度出ましたが、帰ってきてからはゴルフばっかりです。

——国体に二度もお出になる腕前なのに、ゴルフをなさるようになってからは、乗馬はされなくなったのですか。

名手なんてもんじゃありませんけれど、それでも年に何回かは皇居のなかで乗っていたんですよ。でも、そのうちに体重が増えてきまして、娘に「馬がかわいそうだからやめなさいよ」ってからかわれたりしましてね。（笑）

——ほかの皇族の方と一緒にゴルフをなさったりしましたか。

上皇さまはゴルフをされないのですが、常陸宮さまはゴルフがお好きでしたから、遠いところでは沼津のほうまで一緒にゴルフをしに行きましたね。常陸宮さまは生物学がお好きですから、ゴルフをやっている最中もいろいろなことがあるんです。ある時、ゴルフ場の池に白いサギがいてね。若い子が「殿下、シラサギです」って言ったら、「あれはシラサギじゃありません。コサギです」って。しばらくしたらまた池があって、今度は「殿下、またコサギがいます」って声をかけたら、「違う。あれはチュウサギだ」って。（笑）

ボールを打っても、ボールが飛んでいった方角と全然違うところでゴソゴソやっておられるから、「殿下、ボールはあちらですよ」って言ったら、ボールどころじゃないんです。鳥のふんを見るのに夢中で、「この鳥はこんなものを食べてる」とか。（笑）

2　菊栄親睦会

十一宮家の皇籍離脱が行われた後、昭和二十二年十月十四日には昭和天皇の発意により、皇族と旧皇族の親睦のために菊栄親睦会がつくられた。数年に一度開かれる菊栄親睦会の大会には、会員のみならず、元華族も含め、百数十人が一堂に会する。

——皇族の方々と旧皇族の方々を結び付けているものとして、菊栄親睦会というものがあります。この菊栄親睦会という言葉自体は新聞や雑誌などで時々見かけるのですが、具体的にどういうものなのか、実はよくわかりません。会員となる方々の範囲などから教えていただけますか。

令和に改元された時に内規が改正されました。まず、名誉会員が天皇陛下と皇后陛下、上皇陛下と上皇后陛下です。そして、会員は、①名誉会員以外の皇族と②昭和二十二年に皇族の身分、王公族の身分を離れた者とその配偶者——これには当主の子や孫は将来当主の祭祀を承継する者とその配偶者に限るという条件が付いています——、そして③皇籍離脱以降に皇族の身分を離れた者とその配偶者です。

——ということは、名誉会員に愛子内親王は入っていない。それから、たとえば黒田清子《さやこ》さまと黒田慶樹《よしき》さまは③で、どちらも会員、でも伏見さまのお嬢さま方は会員ではない、という理解で間違いないでしょうか。

ええ。そうですね。菊栄親睦会自体は割合に小さな集まりです。ただ、数年に一度、菊栄親睦会の大会を開いていて、その時は会員だけじゃなくて、たとえばその弟とか妹、あるいはうちの娘たちも出席しています。

――『昭和天皇実録十』には、菊栄親睦会の開催頻度について、「毎月一回の例会、並びに概ね春秋二季の大会が開かれることとなる」と書いてあるのですが、最近変更されたのでしょうか。

今はそれほどやっていません。今年（二〇二〇年）六月の大会もたしか五年ぶりで、天皇陛下のご即位をお祝いするという趣旨で行われます（後日中止）。昭和の頃は定期的に行われていましたが、時代も変わって、今の上皇陛下はお忙しくしておられましたからね。

菊栄親睦会で集まりますと、名誉会員の天皇皇后両陛下にごあいさつするということが当然あります。そういう時には、古い宮家から順にすることになっていました。だから、僕がいつもトップだったのです。たとえば、両陛下のお誕生日――正式にはご誕辰と言うのですが――に呼ばれた時も、代表でごあいさつをしなければなりませんでした。だけど、昔は僕より年上の方もたくさんいましたし、それはやっぱりまずいんじゃないかと言って、皆さんに賛同していただいて、規約を変えました。今は年齢の順にごあいさつをすることになっています。

――『昭和天皇実録十』でも、「博明王以下皇籍離脱の件」というように記述されていますから、伏見宮家が旧皇族の筆頭であることがわかります。学習院での活動を報じた戦前の新聞記事でも、たしかに学年に関係なく、いちばん上にお名前が記載されることが多いです。

そうなのです。でも、両陛下の真ん前に行ってごあいさつをするのは、本当に緊張するんですよ。いつだったか、正月のごあいさつをする時に、後ろで「今日はお誕生日じゃないよ」なんてわざとからかう人もいてね。こっちはちゃんと正月のごあいさつを考えてきているのにひどいですよ（笑）。久邇さんが僕より三つ年上ですから、今は久邇さんが代表でごあいさつをすることになっているのですが、久邇さんの体調がよくないということになると、僕がやらなきゃいけない。だいたい、体調が良くないなんていうのは、前の晩になって連絡が来ることになりますから、こっちは一晩でごあいさつの文章を考えることになるのです。

菊栄親睦会は幹事が二人、昔は男性二人に女性二人で計四人と決められていました。会員の選挙で幹事が決まるのですが、僕は便利屋なものだから（笑）、しょっちゅう幹事をさせられていました。

――幹事はどのような仕事をするのでしょうか。

菊栄親睦会の大会を開く時には、まず両陛下のご都合を聞いて、日程を決めたり、場所を決めたりします。本当は皇居の外でやりたいのですが、警備の問題があって、だいたいは赤坂御用地の中で、ということになります。皇居の中でやったこともあって、あれはまだ三笠宮のヒゲの宮さま（寛仁親王）がおられる頃でしたが、「オク（皇居）でやるんだったら、少し大きな音が出ても大丈夫だから、カラオケセットを持ち込みますか」って言ったら、ヒゲの宮さまが「あ、それはいいね」と乗り気だったので、「よし」と思って手配したら、宮内庁から「それはちょっと」と待ったがかかっちゃった。（笑）

菊栄親睦会の大会ではお庭に屋台を出すんです。昔は、幹事が適当に見つくろって、銀座の何とかという天ぷら屋を呼びましょう、今度の中華はどこにしましょう、とやっていたのですが、だんだんとセキュリティチェックが厳しくなってきましてね。今は皇居の中の料理人が担当するようになりました。

——それは、日頃昭和天皇が召し上がらないようなものを召し上がっていただくという趣向だったのでしょうか。

それもありますよね。最初の頃は今、丸ビルの上の階に入っている天ぷらの天政《てんまさ》のおやじを呼んで天ぷらを揚げてもらっていて、それを昭和天皇がとても喜ばれてね。今でも丸ビルの天政に行くと、昭和天皇が屋台に立ち寄って食べておられる写真が飾ってありますよ。

ただ、出店の費用は本当に申し訳ないくらい、すごく勉強してもらっていたみたいです。

というのは、菊栄親睦会は年会費が一切なくて、大会をやったりすると、それはわれわれがその都度支払うのですが、請求書が来ると、こんなに安いのだろうかという金額なんです。天ぷら屋にしても焼き鳥屋にしても、本当はお金は要らないと思ってくださっているけれど、全然支払わないというのもまたまずいらしいのです。実は、天政なんて、親睦会への請求書がすごく安いものだから、また食べたいと思って後で行ったことがあるのです。いや、すごく高いんですね。（笑）

——昭和三十四年に皇太子さま、今の上皇さまが結婚されました。そういった時は菊栄親睦会でお祝いをされたりするのでしょうか。

そうですね。一軒一軒お祝いを持っていくと、皇太子さまのほうが大変になってしまいますからね。

——少し脇道にそれる質問になりますが、皇太子さまのご結婚については、その前からご存じだったのでしょうか。

この時は新聞社から「正田さんの家で間違いありませんでしょうか」といった電話があったりして、ずいぶん困りました。うっかりしたことは言えませんからね。それにこちらからも皇太子さまに聞くことはできませんでした。ああいう方ですから、僕が聞けば、何か返事をしてくださるわけです。けれども、それはまずいなと思って。

——では正式に決まってから、皇太子さまからお話があったということですね。

はい。そういうことです。

3　昭和天皇との交流

『昭和天皇実録』に伏見博明は戦前に二ヵ所、戦後は十八ヵ所の記述がある。戦前においては誕生の記述と拝謁、昭和十六年の元始祭のための参内であり、戦後は主に伏見家当主としてのものである。

——戦後の記述の中で、博恭王薨去（昭和二十一年八月十六日、十月五日）については前に伺いました。次が昭和二十二年四月二十七日の条で、天皇、皇后が伏見さまの馬術競技を見学された、というものです（いずれも『昭和天皇実録十』）。この時のご記憶はございますか。

馬に乗ってゴルフのクラブみたいなもので球を打ってゴールに入れる、打毬《だきゅう》という競技があります。いわゆるポロですね。この時は、皇居の中の馬場で宮内庁の職員を相手とした競技に参加したのです。もちろん今の上皇さまもご一緒で、それを両陛下がご覧になったのです。

皇居の中には乗馬用の馬が二十頭ぐらいいて、その馬に乗ってポロをするわけです。僕はゴルフを始める前は、ほとんど毎週日曜日、当時皇太子だった上皇さまとポロをやっていました。上皇さまのほうからお誘いの電話がかかってきて、「はい」って行っていたのですが、ゴルフを始めてから、続けて三回ぐらいお断りすることがあって、それっきりポロのお誘いが来なくなってしまいました。(笑)

――昭和二十二年十月の皇籍離脱のところは以前うかがいましたので、その次が昭和二十五年の留学前のごあいさつと昭和二十九年の帰国後のごあいさつとなります。

前にもちょっとお話ししましたが、僕は昭和天皇の前に行くと、とにかく緊張しちゃう(笑)。今の上皇さまなら、ざっくばらんなお話もできるのですが、昭和天皇ですと、正直に言って、何をお話ししたかも、全然覚えていない。

――昭和三十五年四月二十七日には、「昨年九月十二日に結婚した伏見博明(元皇族)・同夫人和子の拝謁を、拝謁の間において皇后と共に受けられる」という記述があります(『昭和天皇実録十三』)。

この時も、緊張してしまってね。飲み物とたしかケーキを頂いたのですが、しばらくお

ポロ競技に参加する皇太子（昭和34年12月 8 日、毎日新聞社提供）

話しした後に、本当は両陛下が「じゃあね」とおっしゃったりして、その部屋からお出になってからこちらは退出しなければならないのに、自分が食べ終わったとたん、「失礼いたします」とか言って、出てきてしまったんです（笑）。もう大失敗で、侍従にもびっくりされてしまいました。

――同じ年の十月十六日の菊栄親睦会は、上皇さま（当時・皇太子）、島津貴子さまとともに伏見さまのご結婚をお祝いする会として開かれたと『昭和天皇実録十三』に記されています。場所は白金の迎賓館。「記念撮影の後、正午よりバイキング形式の料理にて御会食になる。御食事後、くじ引き等の余興を楽しまれ、また映画を御一緒に御覧になる」とあります。

これも緊張しちゃって、あまり覚えていませんね。僕はともかくとしても、奥さんが慣れていないから、もうどうしたらいいのかわからない状態です。何かまずいことを言ったりしたら大変だから、こっちも気を遣っちゃって（笑）。後で、食事も喉を通らなかったと聞きました。

――やはり緊張なさるものなのですね。

うちは娘が三人いるのですが、いちばん下の娘なんかも、幼稚園の年長か小学一年生ぐらいでしたか、初めて美智子皇后（上皇后）にお会いした時に、泣いちゃって泣いちゃって（笑）。緊張したんでしょうね。美智子皇后に優しく話しかけられても、ボロボロ涙が出て、何もお答えできませんでした。逆にいちばん上の娘は、今の天皇陛下と学習院の同級ですから、慣れているというか何というか。親が陛下の前ではきちんとしていなさいと教えているのに、遊んでいるうちに陛下の頭をポンと叩いたりして、いまだに陛下はそれを覚えておられる。（笑）

——先ほどの菊栄親睦会では、映画鑑賞がありましたが、こういう折にはどのような映画が上映されるのですか。皇族の小さい頃の記録映画、あるいはハリウッド映画などでしょうか。

いいえ、たとえば日本の自然であるとか、山とか川を映した、そういう映画です。文化映画。ラブストーリーなどではありません。でも、この頃の菊栄親睦会で映画というのは珍しくて、普通は三味線とか日本舞踊とかの有名なお師匠さんが来られるんです。最近だと、ピアノとか、ソプラノ独唱とか。でも、二十分くらいの短いものです。後は、紙切りっていうんですか、その場でお題をもらって、その形に紙を切っていく余興がありました。

——『昭和天皇実録』を追っていきます。昭和三十六年四月には妹の章子さまのご結婚（『昭和天皇実録十三』）、そして、その十年後、昭和四十六年四月にお母さまの朝子さまが亡くなられたという記述があります（『昭和天皇実録十五』）。

朝子さまのご逝去に際しては、天皇、皇后から弔問使の差し遣わしの記述があり、伏見家の立場の高さがわかります。弔問使が派遣されたのが、千代田区紀尾井町の伏見邸となっていますが、この時は紀尾井町にお住まいがあったのでしょうか。

ええ。戦争が終わった後、五ヵ月ほど福田家にいて、その後三条公爵邸を買ってしばらく住んでいましたが、この時は紀尾井町の敷地の中にあった、元の従業員用の官舎で焼け残ったものをきれいにして、そこに住んでいました。僕が結婚した時に、同じ場所に新しく家を建て直しました。その家で子どもたちが生まれ、おふくろも亡くなって、ということになります。

われわれは葬儀や法要があると、宮内庁に届けを出すことになっています。届けを出しますと、両陛下に報告が行きますので、法要だったらお供えの花などが両陛下から届けられることになります。そうすると、翌日にはそのお礼に行かなければなりません。

――昭和四十六年九月三日には、「ヨーロッパ諸国御訪問を前に、菊栄親睦会会員の皇太子始め皇族、元皇族等三十方を御招待になり、皇后と共に午餐の御陪食を賜う」という記述があります（『昭和天皇実録十五』）。また、天皇、皇后が外遊なさる時にはお見送りとお迎えをなさっていますね。

昭和天皇が外遊に行かれる時は、菊栄親睦会の幹事が代表でお見送りすることになっていました。その時は私が幹事でしたので、お見送りしたということです。

4　昭和天皇の崩御

昭和六十二年、八十六歳となった昭和天皇の体調不良が明らかとなり、「十二指腸末端から小腸にかけて通過障害があることが確認され」た後、同年九月には歴代天皇で初めての開腹手術が行われた（『昭和天皇実録十八』）。その後、公務に復帰するも、翌六十三年九月、ふたたび体調を崩し、重体と報道され、年が明けた一月七日、崩御になった。

——昭和天皇のご病気がわかってからご葬儀までのことをお聞かせください。

ご病気がわかっても、われわれに何かができるわけではありません。お見舞いに行っても、もうそういう状態ですから、お目にかかることもできない。侍従の方に聞いても、「大丈夫です」という返事しかもらえません。

でも、お亡くなりになりましたという連絡があって、いちばん最初に行ったのは僕なんですよ。事務方が、僕のほうに特に早く連絡したのだと思いますが、早すぎたんじゃないかと思うくらいに、早く行ったんです。

最初は殯宮祗候《ひんきゅうしこう》、簡単に言えば、お通夜です。でも、一般のお通夜とはいろいろな違いがあります。お棺の前には椅子が二十脚ぐらいあって、そこに順番に座っていきます。亡くなった方の地位によって違うのですが、昭和天皇の時はたしか一人四十五分間と決まっていました。電気は全部消して、真っ暗。音一つしないところで四十五分間、じっと座ってなくてはなりません。本当に皇居の中は静かで、時々フクロウが鳴くくらいです。僕たちは慣れていますからずっと音を立てず、動かないでいられます。緊張していますから眠くもなりません。でも、慣れない人はつい動いてしまいますよね。政治家の方でも、おなかが空いているのか、ゴロゴロという音が聞こえてきたりすることがある。（笑）

――それはやはり小さい頃からの立ち居振る舞いが身についているということですね。殯宮祗候で順番に座っていくということですが、それは決められたものがあるということでしょうか。

そうです。天皇陛下のお通夜は約一ヵ月間、毎晩誰かが番をすることになっています。だけど、とても失礼ですけれども、毎晩というわけにはいきません。だから三日か四日に一回ぐらい、たとえば夕方六時から六時四十五分、七時から七時四十五分というように、それでたぶんいちばん遅いのが夜十時からですが、こちらから宮内庁に申し込むのです。われわれ旧皇族が一人も申し込んでいない時間帯があったりすると、宮内庁から電話がかかってきて、「ぜひ出てくれ」と言われたりする（笑）。総理大臣だって申し込んで来られるわけです。

——『昭和天皇実録十八』によれば、一月十九日から二月二十四日までの「三十七日間、殯宮祗候が行われ（中略）天皇、皇后、皇太子始め皇族、元皇族、元王公族、御親族、国会議員、認証官、地方公共団体の代表、宮内庁職員、皇宮警察本部職員、元側近奉仕者等が、交替で昼夜を通して霊柩のお側に祗候する」とあります。かなりのご負担だったのではありませんか。

われわれ旧皇族は、夜の最後は十人ぐらいですかね。それ以降は、宮内庁の職員が交替で朝まで番をするらしい。

昭和天皇の時は寒い時期で、お棺がある以上、暖房を入れるわけにはいきませんし、服装はモーニングですから、こんなことを言ってはいけませんが、結構つらいし、疲れるんです。でも、これが僕らの仕事ですからね。

——平成二十八（二〇一六）年八月に上皇さま（当時の天皇）が退位のご意向

をビデオメッセージで国民に伝えた時に、ご自身の葬儀の簡略化に言及されました。この時、どう思われましたか。変えてほしいと思われていたのか、伝統なのだから仕方がないというように思われていたのか、どちらに近いですか。

われわれの口から、あれは大変ですから、とか、あんな疲れるものはありません、とかそんなことは言えません。いちばん近いのは、やはり僕らの仕事だからと思って諦めていたということではないでしょうか。諦めるというのもおかしいけれども、われわれのあいだでは、あえて大変だなどと言いませんからね。だから、上皇陛下がご葬儀の負担に触れられたら、それはその通りだと思うだけです。一般の方にそういう話をすると、「それは大変ですね」と言われますから、「そうなんですよ」とは答えます。若いうちは結構大丈夫なんですが、年を取ってくるとね、四十五分間暗いところでじっとしているのは大変ではあります。

――殯宮祗候が終わって、二月二十四日に新宿御苑で行われたご葬儀のセレモニーにも立ち会われていますね。

雪が降る寒い日でした。僕らはお棺を運ぶ葱華輦《そうかれん》に付き添って歩く「徒歩列」ではなく、幄屋《あくや》にいたのですが、とにかく寒かった。宮内庁でホカロンだったかな、使い捨てカイロを配ってくれて、僕らも一人一個か二個貰ったのですが、アフリカから来たお客さんは箱

昭和天皇大喪の礼　葬場殿に向かう葱華輦（毎日新聞社提供）

ごと持っていかれたと後で聞きました。

――大喪《たいそう》の礼の後、お棺は八王子の武蔵陵墓地に運ばれました。皇族、内閣総理大臣などの葬列が組まれましたが、ご一緒に行かれたのでしょうか。

はい。天皇陛下の車の後についていけるように、宮内庁がマイクロバスを用意してくれました。交通規制がしかれましたから、八王子まで、いつもなら一時間ぐらいかかるところを、二十分弱で着きましたね。

その後も、一年祭に立ち会いました。二年、三年とあって、四年はないのかな、五年祭にも行きました。

――ご葬儀に関する儀式などについては、基本的に宮内庁が仕切っていたと思いますが、皇族や元皇族の方々で、ここはこうしましょう、と提案することはあるのでしょうか。

それは一切ありません。

――上皇さまのビデオメッセージでも言及されていましたが、崩御してからの一年間は頻繁にさまざまな行事があり、大変な年だということです。昭和天皇のご葬儀の前にも、高松宮さまなどのご葬儀に立ち会われてきたと思いますが、昭和天皇となるとやはり特別でしょうか。

全然違います。陛下のご葬儀は、日本の古い伝統文化を見ているようでした。タイムスリップというのでしょうか。すべてが千年前の時間軸で朝までゆっくり進んでいくわけです。これこそが日本の時間の流れ方であり、日本の歴史なのだなと思いました。寒くても雨が降ってきても、静かにじーっとしているんです。千年前の日本人はこういう時間軸で、自然というものとこういう関わり方をしていたのかと感じました。本当は、現代の日本人もこんな時間を体験できる機会があったらいいんですけどね。

伊勢神宮のご遷宮が二十年に一度あるでしょう。ご遷宮にはもう何回も行っていて、いちばん最近は七、八年前（二〇一三年）です。遷宮の儀式は真夜中に行われて、十二時頃に始まって、終わるのが二時半ぐらいなんです。それから直会《なおらい》になりますから、ホテルに戻って眠るのがだいたい朝四時。で、翌朝十時からお祭りが始まる。だから、寝ていられる時間は三時間です。そういう厳しいものなのだけれど、このあいだ日本人としてどうしても一度は行きたいと言っておられる方がいて、その人と二人で参加したのですが、終わった後、彼は涙が出たと感動していましたよ。

5　伏見家の祭祀や墓について

――伏見家代々のご当主のお墓やそれに伴う祭祀などにはどのようなものがあるのでしょうか。

皇族だからという特別な祭祀はありませんが、神道ですから誰かが亡くなれば、一年祭があって、二年祭、三年祭、五年祭と続きます。次が十年で、二十年、三十年、五十年。その次が百年なんです。うちの法事には大勢の方に来ていただいていますが、家が古い分、お墓も多いんです。

――京都にもお墓があるわけですから、管理も大変ですね。

京都にお墓が七十ぐらい、東京にも十あります。東京は明治維新以降、ひいおじいさん（貞愛親王）からの先のお墓があって、その前は全部京都ということになります。新しい宮家なら明治以降だけですから二つとか四つとかで済むのですがね。

これだけの数のお墓があって、一年祭から百年祭までやっていると毎月のように何かがあるということになって、こちらが死んでしまいかねないので、京都の分は宮内庁に管理してもらっています。京都のお墓に行く時は、宮内庁に事前に連絡して、鍵をもらうわけです。豊島岡墓地《としまがおか》などにある東京のお墓は、神道式の例祭を全部やっています。うちはニューオータニのところにありましたから、近くの赤坂日枝神社の神職に来てもらっています。

——久邇さまの回想に、戦前のお屋敷の敷地内にご先祖を祀られた境内社という霊殿があって、祖父と祖母は毎日参拝していた、とあります。伏見宮家にもそのようなお社がありましたか。

ありましたね。庭にちゃんとした鳥居もあって、お社もあったんです。でも、今は家のなかにお社と称するものがありますから、定期的な法事がある場合は、そこに神主さんに来ていただいて、お祓いをしてもらっています。

6　皇族から民間人へ——二重の人生

——これまで伺ったお話から、皇族として生まれて、民間人となった後も、皇室をお守りするという強い意識に貫かれていることが伝わってきました。そのあたりをご自身ではどのようにお考えなのでしょうか。

戦前世代のわれわれは、まあ自分で言うのもおかしいけれど、何かあった時は真っ先に皇室をお守りしなければいけないという、それなりの教育を受けてきました。それは先ほどの菊栄親睦会のメンバー——だいたいが宮家の親戚ばかりですが——は同じだと思います。責務ということでしょうか。たとえば、昔は皇太子妃殿下候補というのも、華族や皇族グループから出していたわけで、それもその一つだったと思うのです。まあ、そういうものもだんだんなくなって、いろいろな考え方が出てくるのも当然なのですが、それによる問題も今出てきているわけですからね。

自分のことを言えば、僕なんかはまだラッキーだったと思うんですよ。若い頃に臣籍降下しましたから、変わることにそれほど抵抗がなかった。順応したほうだと思います。でも、年配の宮さま方はやはりかなり苦労されていました。

僕などは旧皇族の中ではリベラル派だと思っているんですよ。いまだに自分は宮さまだという意識の強い方もいますからね。僕なんか特別扱いされると、かえって堅苦しいような感じで困ってしまう。

もしあのまま宮さまだったら今頃どうしているだろうと考えたことはありますよ。さすがに海軍のトップになって戦争の指揮をとって、なんてことは考えませんが、こういうことをしているだろうなあ、これはできなかっただろうなあとね。まあ、人には「戦争に勝っていたら、伏見さんはハワイの王様になっていましたよ」なんて冗談を言われたりする

（笑）。もちろん、ハワイの王様なら、喜んで行きますけどね。

皇族がいちばん楽なのは、生活に困らないことです。生活には困らないのですが、自由がありません。宮さまのままだったら、できなかったことはきっと多かっただろうと思います。ただ、宮さまとしていっとき育ってきたのは事実ですから、復帰したとしてもその経験がない連中に比べれば楽ですよね。僕らだったら、また振り出しに戻るだけです（笑）。天皇陛下に復帰しろと言われ、国から復帰してくれと言われれば、これはもう従わなきゃいけないという気持ちはあります。

一般人として生活していくのは、元皇族としての自分と今の一般人としての自分とをうまく切り替えれば、何とかなります。会社の中で宮さまぶっていたらおかしいですし、皇居へ行ったら今度は宮さまぶっていないとおかしい。言葉遣いだって、多少は違うわけです。

要するに、今の僕の立場は、元皇族の一員であることを常に頭に置いたうえで一般人として生活することで、皇居に行けば元皇族とはいえ、皇族のような振る舞いをしなければいけない。いわば二重の人生ではあります。まあ、僕はアバウトな性格だから、二重の人生であることに悩んだりはしませんけれどね。

ただ、僕の立場とは逆に、一般の方が皇室に入るのは大変だと思います。外から見えない細かい規律もありますし、言葉の壁もあります。結婚してみたら、いや、こんなはずではなかった、ということは確かにあると思います。だいたい毎日が分刻みのスケジュールですし、われわれだったら、今日はちょっと帰りに蕎麦を食べたいなんて思ったら食べに行けばいいけれど、天皇陛下であれば一週間くらい先のメニューまで決まっていますからね。天ぷらを食べたいと思っても、肉が出てきたりする。

――「私」のない生活なのですね。

伏見さまは民間人になられても、上皇さま、上皇后さまをはじめとする皇室とのつながりがあって、直接的に公務を担われるかたちではなくても、やはり皇室を支えておられるという印象を受けました。

そうですね。僕は何かあればいつでも陛下をお守りするつもりですし、何かあればいつでも陛下のお役に立てるようにやりますよという気持ちでいます。たとえば上皇さまに、「この前、タイに行ってきましたよ」というお話をしますと、上皇さまは「今はどんな状態なのですか」といろいろ質問されるのです。それに対して、「いや、よくわかりません」なんて返事はできませんから、たとえゴルフ目的の旅行であったとしても、できる範囲で国情を見て、上皇さまにお話しできるように気をつけています。上皇さまはいろいろなことに興味を持っておられるのだけれども、まわりになかなかそれに答えられる人がいないのです。だから、僕はこれは上皇さまはご関心があるかな、ということは積極的に知ろうと思っています。上皇さまは年も近いし、何かお聞きになりたいことがあると僕に聞いてくださいますから、それにちゃんとお答えできれば、話も結構盛り上がっていきますしね。

——最後に、皇室を守るという観点で、今後の皇室について心配されていることなどはありませんか。

心配していることはもちろんありますけれども、表だって口にすることはできませんよ。ただ、一つだけ挙げるとすれば、さっきも少し言いましたが、人は急に宮さまになれといわれて、なれるものではないということでしょう。

——それはむしろ私たちが伏見さまのこれまでの歩みから考えていかなければならないということですね。

皇室や皇族のことは、知らない人が多くなっているように思われます。僕の話がそういったことを知るための、何らかの役に立つのであれば、嬉しいと思います。

あとがき

上皇さまと上皇后さまが天皇皇后両陛下だった頃、食事をご一緒していて、昔話になったことがありました。三里塚の牧場で馬に乗って二時間ぐらい走りましたね、一緒に風呂に入りましたね、と。そうしましたら、美智子皇后が「博明さん、ちょっと待って。貴重な話ですから、ぜひ録音しましょうよ」とおっしゃったのです。どこを面白いと思ってくださったのかはわかりませんが、では、日をあらためてと言ったお約束がそのままになっていて、少し気になっていました。

日頃から親しくさせていただいている日本伝統文化協会の野崎正史理事長が「殿下の話を本にしませんか」と勧めてくださったとき、思い出したのはそのことでした。しかも、話は青山学院の堀田宣彌《のぶみつ》理事長、そして阪本浩大学学長へとつながって一気に具体化し、実現への道がひらかれることになったのです。態勢を整えてくださった野崎理事長、堀田理事長、阪本学長、株式会社ＩＶＹＣＳ監査役の山田明男氏、そして青山学院大学の古川江里子先生、小宮京先生をはじめとする聞き取りチームの皆様にも心より御礼申し上げます。

自分で言うのは変かもしれませんが、私は自分が伏見宮家に生まれて、伏見宮家に育ったことを特別なこととは思っていませんでした。自分が特別扱いをされているとも思わず、すべてを当たり前だと思って過ごしてきたのです。昭和二十二年、十五歳で臣籍降下となり、宮さまであったからこういうことができたし、こういうことができなかったということがだんだんとわかってきました。当たり前だったことの一つひとつが、一般の方から見れば、特別だったのだと気づかされたのです。

今回の聞き取りにおいても、先生方から予期しない質問を受けることが多々あり、なるほど、いまだに私にとっての当たり前が一般の方からは違って見えるのかと、とても勉強になりました。また、ひとに「昔のことをよく覚えておられますね」と言われることがあるのですが、できごとの順序などを記憶違いしていることも多くあり、先生方に質問されることによって、それを確認することもできました。聞き取りが終わって家に帰った後、そうか、あの質問に対して、こういう話をすればよかったんじゃないか、と思いついたり、残念に思ったりもしました。そういうときにきちんとそれをメモにでも残しておくような几帳面さがあれば、私の人生もまた違っていたかもしれません。

臣籍降下して以来の長い時間を振り返ったとき、自由ということを考えずにはいられません。三十年以上サラリーマンとして働くことができたのも、そして今でも「明日ゴルフに行きましょう」と誘われて、「行きましょう」と応じることができるのも、私にとってかけがえのない自由です。

伏見宮家は六百年近くのあいだ、天皇家に何かがあったときのために存在してきました。そうした宮家というものを考えるための一つの材料として、私の話が役に立つものであることを、そしてこの本が美智子上皇后のご期待に沿えるものであることを願ってやみません。

令和三年十一月

伏見　博明

刊行の経緯

小宮　京
青山学院大学教授

オーラルヒストリーの経緯

本書は、伏見宮家第二四代のご当主である、伏見博明氏のオーラルヒストリーである。我々は敬意と親しみを込めて「殿下」とお呼びしていたが、文中では敬称を変更した。ここでも敬称は略す。

オーラルヒストリーを行うことになった経緯は、以下のようなものである。

日本の伝統文化に強い関心を持つ青山学院大学ＯＢの野﨑正史氏は、伏見博明氏との交友の中で深い信頼を得た。野﨑氏は伏見氏が時折語る波瀾万丈の軌跡に驚かされ、記録に残すことを強く勧めた。これに対して、伏見氏は激動の時代を生きた自らの足跡を語ることを了解された。以上の経緯からも分かる通り、野崎氏の説得と伏見氏の野崎氏に対する厚い信頼が、このオーラルヒストリーの原動力となった。

野崎氏がオーラルヒストリーを打診したのは、青山学院の堀田宣彌理事長である。その重要性を理解した堀田理事長は引き受けることを即決した。堀田理事長の英断により話は一気に具体化した。堀田理事長の依頼を受けた阪本浩大学学長は、大学文学部史学科関係者を中心に聞き取りチームを編成した。こうして、伏見博明氏のオーラルヒストリーを実施する態勢が整ったのである。

顔合わせも兼ねて、本格的な聞き取りに入る前の二〇一九年末と二〇二〇年初頭に二度、事前打ち合わせを行った。二〇二〇年三月からの聞き取りは順調に進むかと思われた。折悪しく、新型コロナウイルス感染症の拡大という事態が発生したため、以降の予定は急遽延期された。同年十月から再開したものの、参加者を厳しく制限せざるを得なかった。大変お忙しいにもかかわらず、野崎氏や堀田理事長は全期間を通じて、ほぼ毎回出席された。研究者は古川江里子と小宮京がほぼ毎回出席した。制限の緩和に伴い、市川周佑《しゅうすけ》も追加で参加した。

この間、特に留意したのは次の点である。

すなわち、旧皇族の日常生活という、一般には想像し難い世界の様子を残すことが主たる目的であった。令和に改元されたこともあり、平成はもはや歴史となったと考えた。そのうえで、昭和から平成までの歴史の証言であり、令和の課題には触れないことが、オーラルヒストリー開始時の了解事項であった。

本書の成り立ち

聞き取りは、おおむね、古川が作成した質問票に従い、時系列で行われた。本書の核は二〇二〇年三月から二〇二一年三月までの全四回の聞き取りである。これに打ち合わせ二回を組み合わせて、時系列に沿った仮原稿を作成した。仮原稿で不明な箇所の確認や追加質問は二〇二一年五月から九月の四回に及んだ。この確認段階から編集者の吉田大作氏も参加した。また、ご提供いただいた写真のキャプションについても二〇二一年九月に確認した。こうして本書の原稿が完成した。

通常のオーラルヒストリーでは、追加質問が一回設けられる程度である。さらに、聞き取り後に聞き取りと同回数の確認を行うことはない。このような作業が必要となったのはなぜか。

聞き取り時に驚いたのは伏見氏の記憶力である。お話しいただいた事実関係は正確で、修正を要する箇所はほとんど存在しなかった。ただし、その場で聞き流してしまったことや固有名詞に関して、ご本人の記憶以外に依拠すべき史料が存在しないものもあり、細かい部分につき、事実を確定する必要があった。また、より詳細に話を伺うべき箇所も散見された。そのため、確認と同時に、新たな事実を含むお話を、改めて伺うことになった。一例を挙げれば、戦災で焼失した伏見宮邸の間取りなど、史料的な裏付けを取ることは難しかった。この場合、伏見氏に間取りを書いていただくなど、記憶を再現していただくほかなかった。

こうした作業の結果、本書の史料的な価値が高まったと信ずる。

謝 辞

まず、貴重な資料やご経験を披露いただいた、伏見博明氏に深く感謝申し上げたい。お話を伺いながら、明るい性格が伝わった。それが読者にも届けば幸いである。

次に、一般社団法人日本伝統文化協会の野﨑正史理事長にも感謝申し上げたい。聞き取りを残すべきとの強い信念がなければ、この貴重な記録が世に出ることはなかった。重ねて、感謝申し上げたい。また、日程調整等にご尽力いただいた小林正典理事、村上恭子理事にも感謝申し上げる。

それから、学校法人青山学院の堀田宣彌理事長、阪本浩大学学長、場所の確保などにご尽力いただいた山田明男氏（株式会社ＩＶＹＣＳ監査役）、聞き取りに参加いただいた黒澤文貴《ふみたか》先生（東京女子大学教授）、小林和幸《かずゆき》先生（青山学院大学教授）、古川江里子先生、聞き取りや書籍化の際の資料調査に協力してくれた市川周佑氏に感謝する。

最後に、出版をご快諾いただいた中央公論新社の吉田大作氏に感謝したい。

多くの関係者のご尽力により、貴重な記録を後世に残すことができた。一歴史研究者として感慨深い。本当にありがとうございました。

参考文献一覧

著書

浅見雅男『皇族と帝国陸海軍』文春新書、二〇一〇年
浅見雅男『伏見宮――もうひとつの天皇家』講談社、二〇一二年（『もうひとつの天皇家　伏見宮』ちくま文庫、二〇二〇年）
浅見雅男『皇族と天皇』ちくま新書、二〇一六年
小沢朝江『明治の皇室建築――国家が求めた〈和風〉像』吉川弘文館、二〇〇八年
小田部雄次『梨本宮伊都子妃の日記――皇族妃が見た明治・大正・昭和』小学館、一九九一年（梨本宮伊都子・小田部雄次『梨本宮伊都子妃の日記――皇族妃が見た明治・大正・昭和』小学館文庫、二〇〇八年）
小田部雄次『天皇・皇室を知る事典』東京堂出版、二〇〇七年
小田部雄次『皇族――天皇家の近現代史』中公新書、二〇〇九年
小野木重勝『明治洋風宮廷建築』相模書房、一九八三年
学習院百年史編纂委員会『学習院百年史』第二編、学習院、一九八〇年

同右・第三編、学習院、一九八七年
鹿島茂編著『宮家の時代――セピア色の皇族アルバム』朝日新聞社、二〇〇六年
霞会館『御料車と華族の愛車』霞会館、二〇一八年
霞会館華族家系大成編輯委員会編『平成新修旧華族家系大成』上下、霞会館、一九九六年
宮内庁『昭和天皇実録』全十八巻、東京書籍、二〇一五～一八年
久邇邦昭『少年皇族の見た戦争――宮家に生まれ一市民として生きた我が生涯』PHP研究所、二〇一五年
皇室事典編集委員会『皇室事典 令和版』KADOKAWA、二〇一九年
斉藤利彦『明仁天皇と平和主義』朝日新書、二〇一五年
新城道彦『朝鮮王公族――帝国日本の準皇族』中公新書、二〇一五年
秩父宮雍仁親王、井上久・薗田稔・松平恒忠・山口峯生編『皇族に生まれて――秩父宮随筆集』渡辺出版、二〇〇五年
野村實『天皇・伏見宮と日本海軍』文藝春秋、一九八八年
橋本明『知られざる天皇明仁』講談社、二〇一六年
秦郁彦『裕仁天皇五つの決断』講談社、一九八四年
波多野勝『明仁皇太子エリザベス女王戴冠式列席記』草思社、二〇一二年
『博恭王殿下を偲び奉りて』御伝記編纂会、一九四八年（佐藤元英監修・解説『皇族軍人伝記集成』第十五巻「伏見宮博恭王」、ゆまに書房、二〇一二年として復刻）

『博義王殿下御事蹟』伏見家、一九四八年
吉田伸弥『天皇への道――明仁陛下の昭和史』読売新聞社、一九九一年

論文・雑誌記事

小川剛生「伏見宮家の成立――貞成親王と貞常親王」松岡心平編『看聞日記と中世文化』森話社、二〇〇九年
小山和郎「菊栄親睦会」歴史百科編集部編『皇室の百科事典』新人物往来社、一九八八年
加藤進「戦後日本の出発　元宮内次官の証言」『祖国と青年』七一号、一九八四年
川田敬一「ドキュメント十一宮家の皇籍離脱」『歴史と旅』二七（一一）号、二〇〇〇年
神崎豊「一九四七年一〇月における一一宮家の皇籍離脱」『年報・日本現代史』一一号、二〇〇六年
瀬畑源「象徴天皇制の形成過程――宮内庁とマスメディアの関係を中心に」一橋大学博士論文、二〇一〇年
新田一郎「継承の論理」網野善彦ほか編『岩波講座 天皇と王権を考える2　統治と権力』（岩波書店、二〇〇二年）
水野俶子・加藤仁美・小沢朝江「近代における皇族別荘の立地・沿革及び建築・使い方に関する研究――海浜別荘を中心とする検討」『住宅総合研究財団研究年報』二七号、二〇〇一年
武部敏夫「世襲親王家の継統について――伏見宮貞行・邦頼両親王の場合」宮内庁書陵部編『書陵部紀要』一二号、一九六〇年

「天皇家の親睦グループ菊栄会」『週刊サンケイ』一九五七年一月号
「現代の藩屏──霞会館と菊栄親睦会」『文藝春秋』二〇一六年十月号

新聞・雑誌

『婦人画報』
『朝日新聞』
『読売新聞』

本書関連年譜

年	月日	事項
一九三二（昭和7）	1・26	伏見宮博義王の第一王子として誕生。母は博義王妃朝子
	6・4	両親、姉・光子女王とともに初めて参内
一九三八（昭和13）	4・8	学習院初等科に入学
	10・19	父・伏見宮博義王薨去
一九三九（昭和14）	8・18	祖母・博恭王妃経子薨去
一九四三（昭和18）	3・20	静岡県興津町清見寺に宿泊し、学習と坐禅（23日まで）
一九四四（昭和19）	3・23	茨城県の内原訓練所に宿泊、日立方面の鉱業を見学（25日まで）
	4月	学習院中等科に進学
	12・5	学習院報国隊として、湯浅蓄電池小田原工場へ出勤（翌年2月1日まで）
一九四五	2・5	学習院中等科の授業再開

（昭和20）	3・27	李玖とともに、皇太子明仁の日光疎開に参加
	5・25	空襲により東京の伏見宮邸焼失
	7・14	皇太子明仁の南間ホテルへの疎開と同時に、李玖とともに那須へ
	8・15	李王家の那須の別荘で玉音放送を聞く
	10・10	学習院中等科二年生の授業開始（伏見宮邸焼失のため、紀尾井町の旅館福田家に仮寓）
	12・28	福田家から品川区大崎の三条公爵邸に移る
一九四六（昭和21）	5・21	GHQから日本政府宛の覚書「皇族殿下並妃殿下に関する件」によって四つの指令が発出
	8・16	祖父・伏見宮博恭王薨去。第24代伏見宮家当主となる
	11・3	日本国憲法発布
	11・29	昭和天皇、伏見宮家を含む十一宮家に対し臣籍降下を要請
一九四七（昭和22）	10・14	十一宮家の皇籍離脱
	10・31	第二回国民体育大会に馬術障害飛越で出場
一九四八（昭和23）	4・19	新制高校二年生として、新制学習院高等科に入学
一九四九（昭和24）	10月	第四回国民体育大会に馬術障害飛越で出場

本書関連年譜

一九五〇（昭和25）	3月	新制学習院高等科を卒業
	7・26	アメリカ留学に際し、李玖氏とともに母親と参内。天皇皇后と会食
	8・4	アメリカ・ケンタッキー州のセンター・カレッジへの留学のため渡米
一九五三（昭和28）	9・8	アメリカを訪問した皇太子をニューヨークで出迎える
一九五四（昭和29）		留学を終え、帰朝
	8・27	昭和天皇に帰朝報告
一九五六（昭和31）		スタンダード・バキューム・オイル（のちモービル石油）に入社
一九六〇（昭和35）	4・27	結婚の報告のため夫婦で参内
一九七一（昭和46）	4・3	母・伏見朝子死去
一九八九（昭和64）	1・7	昭和天皇崩御
	1・8	平成と改元
二〇一九（平成30）	5・1	天皇明仁が退位。令和と改元

伏見博明氏オーラルヒストリー実施記録

第一回

二〇一九年十二月十九日　一八時一四分〜二〇時三四分

場所：アイビーホール

参加者：伏見博明、野﨑正史、山田明男、小林正典、小林和幸、黒沢文貴、古川江里子、小宮京、市川周佑

第二回

二〇二〇年一月二十八日　一八時三分〜二〇時八分

場所：ローストビーフ鎌倉山　銀座店

参加者：伏見博明、堀田宣彌、野﨑正史、山田明男、小林正典、黒沢文貴、小林和幸、古川江里子、小宮京、市川周佑

第三回

二〇二〇年二月十九日　一三時三〇分〜一五時三七分

場所：アイビーホール

参加者：伏見博明、山田明男、小林正典、黒沢文貴、古川江里子、小宮京、市川周佑

第四回

二〇二〇年十月七日　一五時〇〇分〜一七時〇三分

場所：アイビーホール
出席者：伏見博明、堀田宣彌、野崎正史、山田明男、小林正典、古川江里子、小宮京

第五回
二〇二〇年十二月四日　一四時五七分～一七時二六分
場所：アイビーホール
出席者：伏見博明、堀田宣彌、野崎正史、山田明男、小林正典、古川江里子、小宮京

第六回
二〇二一年二月十九日　一五時～一七時半
場所：アイビーホール
出席者：伏見博明、堀田宣彌、野崎正史、山田明男、小林正典、古川江里子、小宮京、市川周佑

第七回
二〇二一年五月二十日　一四時二〇分～一六時四〇分
場所：青山学院法人本部
出席者：伏見博明、堀田宣彌、野崎正史、山田明男、小林正典、古川江里子、小宮京、市川周佑、吉田大作

第八回
二〇二一年六月二十四日　一四時一五分～一六時四〇分
場所：青山学院大学一四号館
出席者：伏見博明、堀田宣彌、野崎正史、山田明男、小林正典、古川江里子、小宮京、市川周佑、吉田大作

第九回
二〇二一年七月二十一日　一四時〇〇分～一六

時一〇分
場所：青山学院大学一四号館
出席者：伏見博明、堀田宣彌、野崎正史、山田明男、小林正典、古川江里子、市川周佑、吉田大作

第十回
二〇二一年九月十七日　一四時三〇分〜一六時二〇分
場所：青山学院法人本部
出席者：伏見博明、野崎正史、山田明男、小林正典、古川江里子、市川周佑、吉田大作

編者略歴

古川江里子（ふるかわ・えりこ）

青山学院大学非常勤講師。青山学院大学博士後期課程満期修了退学。博士（歴史学）。専門は日本近現代史、政治思想史。主な著書に『大衆社会化と知識人――長谷川如是閑とその時代』『美濃部達吉と吉野作造――大正デモクラシーを導いた帝大教授』など、主な論文に「明治国家の正当化思想と天皇――「万世一系」の意義」（『青山史学』27）などがある。

小宮　京（こみや・ひとし）

青山学院大学教授。東京大学大学院法学政治学研究科博士課程修了。博士（法学）。専門は日本現代史・政治学。主な著書に『自由民主党の誕生――総裁公選と組織政党論』、『鳩山一郎とその時代』（共著）、『官邸主導と自民党政治――小泉政権の史的検証』（同）、『山川健次郎日記』（共編著）、『河井弥八日記　戦後篇』全5巻（同）などがある。

伏見博明（ふしみ・ひろあき）

1932年生まれ。伏見宮博義王第一王子。第24代伏見家当主。米ケンタッキー州のセンター・カレッジ卒業後、スタンダード・バキューム・オイル（後のモービル石油）入社。主に営業職を歩み、広報部長、監査役などを務める。2021年伏見記念財団理事長に就任。現在に至る。

旧皇族《きゅうこうぞく》の宗家《そうけ》・伏見宮家《ふしみのみやけ》に生《う》まれて
——伏《ふし》見《み》博《ひろ》明《あき》オーラルヒストリー

二〇二二年一月二六日　初版発行
二〇二二年九月一五日　八版発行

著　者　伏《ふし》見《み》博《ひろ》明《あき》
編　者　古川江里子《ふるかわえりこ》・小宮《こみや》　京《ひとし》
発行者　安部順一
発行所　中央公論新社
〒一〇〇-八一五二
東京都千代田区大手町一-七-一
電話　販売　〇三-五二九九-一七三〇
　　　編集　〇三-五二九九-一七四〇
URL https://www.chuko.co.jp/

DTP　今井明子
印　刷　図書印刷
製　本　大口製本印刷

Published by CHUOKORON-SHINSHA, INC.
Printed in Japan　ISBN978-4-12-005495-2 C0021